교회를
섬기는
당신에게

Faithful Leaders and the Things That Matter Most
by Rico Tice

First published by The Good Book Company
with the title of *Faithful Leaders and the Things That Matter Most*
Copyright ⓒ 2021 Rico Tice
All rights reserved.

Korean Edition published by Word of Life Press, Seoul 2022
Translated and published by permission.
Printed in Korea.

교회를 섬기는 당신에게

ⓒ 생명의말씀사 2022

2022년 2월 10일 1판 1쇄 발행

펴낸이 | 김창영
펴낸곳 | 생명의말씀사

등록 | 1962. 1. 10. No.300-1962-1
주소 | 서울시 종로구 경희궁1길 6 (03176)
전화 | 02)738-6555(본사)・02)3159-7979(영업)
팩스 | 02)739-3824(본사)・080-022-8585(영업)

기획편집 | 유영란, 박경순
디자인 | 김혜진, 조현진
인쇄 | 예원프린팅
제본 | 보경문화사

ISBN 978-89-04-19002-7 (03230)

저작권자의 허락없이 이 책의 일부 또는 전체를
무단 복제, 전재, 발췌하면 저작권법에 의해 처벌을 받습니다.

그리스도인 리더를 신실하게 세우는 4가지

리코 타이스 지음 | 황영광 옮김

교회를 섬기는 당신에게

생명의말씀사

추천사

『교회를 섬기는 당신에게』는 가장 간과하기 쉽지만 사실상 가장 중요한 리더십의 두 가지 차원을 다룬다. 바로 '성품'과 '경건함'이다. 노하우에 치중한 책이 범람하는 시대에, 이 책은 실패와 좌절 속에서 분투하는 그리스도인들에게 나침반 혹은 구명줄 역할을 해줄 것이다.

J. D. 그리어(J. D. Greear)
남침례회(Southern Baptist Convention) 회장, 서밋교회(The Summit Church) 담임 목사

권위 있는 많은 사람이 도덕적이지 않고 정직하지 않기 때문에 오늘날 우리 문화에서 리더십에 대한 신뢰가 흔들리고 있다. 비극적이게도, 한때 존경받았던 교회 지도자들이 거짓 교사, 위선자, 학대자, 자기 봉사자(self-server)로 드러나는 일이 반복되었다. 이 책은 시의적절하게 목사와 교회 지도자들에게 그리스도와 그분의 백성을 신실하게 섬기려면 죄로부터 마음을 지켜야 한다고 경고하고 격려한다. 리코 타이스는 명료하고 정직하게, 개인적인 연약함을 드러내며 글을 썼고, 성경을 펴 들고 이를 적용하라고 한다. 이 힘 있는 말을 우리는 꼭 들어야 한다.

존 스티븐스(John Stevens)
독립복음주의교회협회(Fellowship of Independent Evangelical Churches) 전국 디렉터

이 책은 시의적절하고, 현실적이고, 솔직하고, 예리하고, 가차 없이 성경적이다. 무엇보다 내 삶에서 실제 행동을 하도록 강력하게 도전했다. 『교회를 섬기는 당신에게』를 그냥 읽기만 할 것이 아니라 실제로 살아 내야 한다.

게리 밀러(Gary Millar)
퀸즐랜드양성대학(Queensland Training College) 교장, 『알아야 할 것』(Need to Know) 저자

교회 리더들뿐 아니라 우리 중 많은 이가 주님의 눈에 신실한 것보다 세상의 눈에 성공한 것은 그게 무엇이든 좇는 데 너무 많은 시간을 할애하리라 짐작한다. 이 책은 이를 바로잡는 데 유용하며 꼭 필요하다.

캐리 샌덤(Carrie Sandom)
프로클래매이션 트러스트(Proclamation Trust) 여성부 디렉터

리코 타이스는 사역자들에게 보석 같은 가르침을 제공한다. 오늘날 리더십에 관한 책은 많지만 대부분 성경에 가득한 강조점을 놓치거나 거의 고려하지 않는다. 타이스는 성경적 가치들을 우선적으로 생각하도록 돕는다. 나는 앞으로 이 책을 수업과 훈련 과정에 사용할 것이다.

토니 메리다(Tony Merida)
이마고데이교회(Imago Dei Church) 설교 및 비전 목사, 액츠29(Acts 29) 신학 훈련 디렉터

『교회를 섬기는 당신에게』는 읽기에 즐겁다. 지혜가 가득하며, 리더십 책이라면 꼭 다루어야 하지만 대개 다루지 않는 주제들에 집중한다. 다소 도전적이면서도 독자를 격려한다. 이 책을 읽으며 나를 돌아보게 되었고, 성경에 메모하며, 기도하게 되었다. 잘 쓴 책이다.

앤드루 윌슨(Andrew Wilson)
킹스 처치 런던(King's Church London) 교육 목사

언뜻 보곤 교회의 젊은 리더들을 위한 책이리라 예상했다. 하지만 읽으면서 벌써 30년째 사역하고 있는 나를 위해 쓰인 책임을 알 수 있었다. 시간, 피로, 순전히 목회 사역이 야기한 고단함은 리더들이 대가를 치르게 한다. 이런 경우 자기 연민, 방종, 자기기만으로 흘러가기 아주 쉽다. 이 책을 정직하게 읽는다면 당신은 겸손해질 것이고, 맞다, 두려워질 것이다. 내가 그랬다. 그러나 다른 한편으로 당신은 도움을 얻을 것이고, 당신의 사역은 영원한 후회로부터 영원한 상급으로 건짐받을 것이다.

윌리엄 J. U. 필립(William J. U. Philip)
트론교회(The Tron Church) 담임 목사

목자가 가는 대로 양은 따라간다. 따라서 사역자들에게는 하나님의 백성을 어디로 이끌어야 할지를 아는 것만큼이나 그들을 어떻게 인도해야 할지를 아는 것이 아주 중요하다. 이 책의 메시지는 모든 그리스도인 리더가 반복해서 상기해야 하는 것이다. 당신이 젊은 리더든 나이 든 리더든, 신입 리더든 경험 많은 리더든, 사람들이 당신과 사역에 관해 뭐라 말하는지는 중요하지 않다는 사실을 기억해내기 위해 이 책을 집어 들라. 우리는 궁극적으로 우리 주님의 칭찬을 바란다.

후안 R. 산체스(Juan R. Sanchez)
하이포인트침례교회(High Pointe Baptist Church) 담임 목사,
『당신의 교회가 직면한 일곱 가지 위험』(7 Dangers Facing Your Church) 저자

리코 타이스는 『교회를 섬기는 당신에게』에서 우리의 야망을 정말 중요한 것에 다시 집중시키라고 목소리를 높인다. 그는 그리스도를 향한 특유의 열정과 정신이 번쩍 나게 하는 직설성으로 그렇게 한다. 그러나 그는 별 투쟁 없이 목적지에 도달한 사람으로서가 아니라 함께 이 길을 가는 겸손한 동료 순례자로서 말한다. 저자는 우리를 섬기러 무릎으로 다가오면서도 "거룩함을 따르라 이것이 없이는 아무도 주를 보지 못하리라"(히 12:14)고 도전한다. 본받을 만한 자세고, 따를 만한 인도자의 모습이다.

싱클레어 B. 퍼거슨(Sinclair B. Ferguson)
리폼드신학교(Reformed Theological Seminary) 조직신학 교수,
『거룩의 길』(Devoted to God) 저자

솔직하고 겸손하고 온화한 이 책은 우리에게 그리스도의 발자취를 따르라고 지시한다. 당신이 리더가 된 지 5분이 되었든 50년이 되었든, 이 책은 반드시 읽어야 한다. 리코 타이스는 매우 시기적절하면서도 시기를 초월하여 우리를 격려한다. 설득력 있는 글과 매력적인 스토리텔링, 실질적이고 유용한 조언과 질문을 통해, 그는 가장 중요한 것―성품, 회개, 겸손, 온유, 성령님을 의지함―을 위해 힘쓰라고 명료하게 촉구한다.

엘리드 쿡(Ellidh Cook)
올 솔스 랭햄 플레이스(All Souls Langham Place) 학생 간사

목차

서문: 알리스테어 벡   10
들어가는 글   18

1장 성공을 정의하라   26

2장 자기 죄와 싸우라   54

3장 자기를 이끌라   84

4장 교회를 섬기라   114

맺는 글   148
생각과 토론을 위한 질문   152

서문

내 생애 최고의 골프 게임은 죄다 자고 있을 때 일어났다. 꿈에서 나는 실제 실력으로는 어림없는 상상의 승리를 거머쥔다. 나는 똑같은 일이 우리의 리더십을 평가할 때도 일어날까 봐 두렵다. 서문을 쓰는 것이 특권임에도, 이 책의 도전을 마주할 수밖에 없다는 사실에 조심스러워진다. 나는 46년간 목회 사역에 몸담았고, 해를 거듭할수록 그리스도인 리더십은 자연스럽게 배양되거나 쉽게 얻어지는 것이 아님을 더욱 깨닫게 된다.

일반적으로 리더십에 대해 생각하노라면 같은 스코틀랜드 출신인 한 사람이 생각난다. 2012년 10월, 하버드 비즈니스 스쿨의 올드리치 홀(Aldrich Hall)의 한 강당이 사람들로 가득 찼다. 서서 듣는 강당이었는데도 말이다. 그 참석자 수에 초청 강연자였던 알렉스 퍼거슨(Alex Ferguson) 경보다 더 놀란 사람은 없었을 것이다. 그는 그날 맨체스터 유나이티드(Manchester United) 감독으로 26년간 일하면서 배운 리더십에 관해 강연했다.

그 강연문을 읽은 후 그가 강조한 하나가 내 뇌리에서 떠나지 않았다. 바로 그가 팀의 주장을 선택하는 데 신경을 썼다는 점이다. 주장이 없는 팀은 방향성과 통제력을 잃고 만다. 지휘자가 없는 오케스트라가 조화와 화음을 상실하는 것과 같다. 알렉스 경이 이에 대해 말한 내용 중 2천 년 전 사도 바울이 언급하지 않은 것은 없었다. 바울 역시 하나님의 백성을 지도하는 리더는 인도하려는 열망을 가져야 하고, 팀의 존중을 받아야 하며, '작전'(game plan)을 명확히 해야 하고, 변화하는 환경에 적응할 수 있어야 한다고 밝혔다. 이러한 리더십의 위치는, 리코에 따르면 식탁 주위든지 강대상이든지 작은 것이 아니다. 하나님께서 그분의 백성 가운데서 하시는 일이기 때문이다. 이 일은 위대하다. "미쁘다 이 말이여, 곧 사람이 감독의 직분을 얻으려 함은 선한 일을 사모하는 것이라 함이로다"(딤전 3:1). 그럼에도 인도하고자 하는 정당한 열망을 가지는 데는 언제나 피

할 수 없는 감정적 반동—"대체 이 일에 적합한 자가 누구란 말인가?"—이 뒤따른다. 여기가 바로 다른 분야의 리더와 달리 그리스도인 리더에게 겸손이 요구되는 지점이다. 열망과 자신의 부적합성에 대한 인정 사이에 존재하는 이 행복한 긴장 속에서 신실한 리더십이 비로소 훈련된다.

 교회 생활을 하다 마주하는 대다수의 문제는 리더십 결함으로 추적해볼 수 있다. 너무 많은 교회가 유난히 착하지만 자신의 그림자(shadow)를 두려워하는 리더나 굉장히 추진력 있지만 다른 사람들을 두렵게 하는 리더들에 의해 아픔을 겪어 왔다. 하나님의 백성을 효과적으로 인도해온 리더들은 이 두 카테고리에서 발견되지 않는다. 바울은 디도와 디모데에게 쓴 편지에서 올바른 리더를 직분에 세울 것을 신신당부했다. 이 문제는 오늘 우리에게도 매우 중요하다. 왜냐하면 교회는 교회의 리더들의 영적 성장을 넘어서 성장할 수 없기 때문이다.

이 사실을 제대로 이해하는 것이 필수적이다. 그리고 리코는 지금 실정을 정확하게 파악하고 리더십에 관해 놀랍도록 유용한 가이드를 제공하고 있다. 글로나 실제로나, 그는 왕년에 수준 높은 럭비 경기를 펼쳤던 남자의 강인함과 매혹적인 겸손함을 결합했다. 그는 자신의 글이 리더십에 관한 '결정판'이 아님을 알고 있고, 분명 마음 편한 글을 쓰지도 않았다. 그러나 효과적이고 신실한 리더가 되고자 하는 우리에게, 그리고 그런 리더가 되는 것이 아주 어렵다는 것을 아는 우리에게(만약 우리가 정직하다면 우리 모두 여기에 해당한다) 그의 글은 아주 필요하다.

이 책의 한 가지 도전은 리코가 효과적인 리더십이란 은사나 능력에 관한 것이 아님을 보여 주는 방식이다. 리코에 따르면 이는 본질적으로 거룩함의 문제다. 여기서 그는 로버트 머리 맥체인(Robert Murray M'Cheyne)과 찰스 시미언(Charles Simeon)의 지혜를 따른다. 29세에 세상을 떠난 맥체인은 그의 나이가 말해주는 것보다 훨씬 더 위대한 유산을 남겼다. 사역자와 리더의 삶에 관해 그는 말했다. "내 교구민에게 가장 필요한 것은 나 자신의 거룩함이다." 시미언은 19세기 영국 케임브리지의 사역자로, 자신은 어떤 노인이 한 경고를 언제나 유의한다고 말했다.

"자신의 영혼을 지속적으로 돌보십시오. 그리고 모든 일을 사랑으로 하십시오. 우리는 하늘로 높이 오르기 위해 겸손하게 아래로 자라야 합니다. 자신을 경계하는 눈을 가지십시오. 일반적으로 사역자가 그러하듯 교구민도 그러하기 때문입니다."

달리 말해 리더의 공적인 쓸모는 그의 내적인, 보이지 않는 삶에 의해 결정된다는 것이다. 성품이란 아무도 우리를 보지 않을 때의 우리다. 리더는 언제나, 그리고 거의 무의식적으로 인도하고 있다. 당신의 거룩함은 당신이 인도하도록 맡겨진 사람들에게 아주 중요하다.

거룩함의 필요가 이 책에서 얻은 한 가지 도전이었다면, 다른 한 가지는 신실함이다. 나는 리코가 '리더십'이라는 단어를 '신실한'(faithful)이라는 형용사와 짝지은 것을 아주 기쁘게 생각한다.[1] 사람들은 자주 내게 나를 위해 어떻게 기도해줄지 묻는다. 내가 기억할 수 있는 한 아주 오래전부터 내 대답은 한결같았다. "신실함을 위해 기도해주세요." 때로 이렇게 반문해오기도 한다. "어떤 일에 신실하도록 기도할까요?" 그러면 나는 이렇게 대답한다. "모든 일에요!" 내 아내에게, 내 교회 식구들에게, 하나님의 부르심에, 하나님의 말씀에, 복음에 신실하도록…. 신실한 리더는, 이 책에서 리코가 매우 지혜롭게 말하듯이 하나님께서 찾으시는 리더이며 하나님께서 그를 통해 일하시고

---

[1] 이 책의 원제는 '신실한 리더들과 가장 중요한 것들'(Faithful Leaders and the Things That Matter Most)이다.—옮긴이 주

자 하는 리더다.

그러니 이 책을 꼭 붙들고 읽으라. 당신이 목사든, 아이들을 가르치는 교사든, 성경 공부 인도자든, 신학생이든… 큰 유익을 얻을 것이다. 교회는 당신의 신실한 리더십이 필요하기 때문이다. 그리고 이 책은 어떻게 그렇게 할 수 있는지 알려줄 뿐 아니라 실제로 그렇게 할 수 있도록 열정을 불어넣어 줄 것이다. 나는 너무나 많은 위대한 리더들이 하늘에서 그들의 상급에 참여하고 있기에 오늘날 교회의 미래가 불투명해 보인다는 이야기를 종종 듣는다. 그러나 J. C. 라일(J. C. Ryle)은 자기 시대에 이렇게 말했다.

"사역자들이 죽는다고, 성도들이 떠난다고 교회의 상황을 두려워할 필요가 없습니다. 그리스도께서는 그분의 목적을 언제나 유지하실 수 있습니다. 그리스도는 더 나은 종들과 더 밝은

별들을 일으키실 것입니다. 모든 별은 그분의 오른손에 붙들려 있습니다. 미래에 대한 모든 불안한 생각을 내려놓으십시오. 모든 일은 잘될 것입니다. 우리 눈에는 그렇게 보이지 않을지라도 말입니다. 세상 나라가 언젠가는 우리 하나님과 그의 그리스도의 나라가 될 것입니다."

나는 이 짧은 책이, 이 시대에 하나님께서 그분의 나라와 그 아들의 영광을 위해 그분의 교회를 사랑하고 섬기라는 부르심을 신실하게 따르는 리더들을 일으켜 세우시는 수단 중 하나가 되리라 믿는다.

2021. 1.
알리스테어 벡(Alistair Begg)
파크사이드교회(Parkside Church) 담임 목사,
"삶을 위한 진리"(Truth For Life) 라디오 프로그램 진행자

들어가는 글

목사가 되어 경험한 이상한 것들 중 하나는 어느 누구보다(장의사를 제외하고) 장례식에 많이 가게 된 것이다. 어떤 장례식은 특별히 기쁨으로 가득하다. 오랜 기간 건강하게 살다가 이제 영원을 누리려고 떠났기 때문이다. 어떤 장례식은 특별히 더 눈물로 얼룩져 있다. 아이의 죽음이나 비극적인 자살인 경우가 그렇다. 또 어떤 장례식은 특별히 기억에 남는다. 나는 한 노부인이 내게 이렇게 말했던 한 장례식을 결코 잊을 수 없다. "리코, 실패가 뭔지 아나요?" "아니요, 알려 주세요." 그녀가 다음에 한 말은 그 후로도 계속 내게 남아 있다.

"실패란 중요하지 않은 일에 성공하는 것이라오."

대학 시절 나와 절친했던 친구는 삼십 대에 죽었다. 폐색전이었다. 이 장례식 역시 깊이 뇌리에 남아 있다. 온갖 안 좋은 이

유 때문이다. 나는 친구의 무덤 옆에 그의 아버지와 함께 섰는데, 그분이 이렇게 말씀하신 것을 기억한다. "리코, 내 아들의 묘비에 뭐라고 적을까? 어떤 비문을 새길까?"

냉정한 진실은 언젠가, 누군가가 당신의 무덤에 어떤 비문을 적을지 결정해야 하리라는 것이다. 나는 수많은 장례식에 가 보았다. 하지만 언젠가 사람들이 내 장례식에 올 것이다. 그들은 내가 성공적으로 살았다고 말할까? 성공은 대체 무엇일까? 우리 모두 성공을 원하지만—그 누구도 자기 인생이 실패했거나 어리석었다고 기억되길 원하지 않을 것이다—그리스도인으로서 영향력을 미치는 자리(가정의 식탁 주위든지 교회의 강대상이든지)에 있는 이들에게 성공은 어떤 모습이어야 할까? 또 실패란 어떤 모습일까?

확실한 건 이것이다. 성공과 실패를 가늠하는 척도는 당신의 친척들이 새긴 비문이 아니라, 당신이 죽는 날 하나님께서 당신에게 하실 말씀이라는 사실이다. 어떤 이들에게는 "너 어리석은 자여."라고 말씀하실 것이다. 예수님의 비유에서 자아실현과 자기만족이야말로 가장 의미 있는 일이라 생각하며 살았던 사람이 들었던 말처럼 말이다(눅 12:20). 그리고 나는 교회 다니는 사람이든 목사든 누구라도 이 정죄의 말씀에서 벗어날 수 있으리라 생각하지 않는다. 하나님의 심판의 불은 "각 사람의 공적이 어떠한 것을 시험할 것"(고전 3:13)이다. 사역도 예외일 수 없다. 그리고…

"누구든지 그 공적이 불타면 해를 받으리니 그러나 자신은 구원을 받되 불 가운데서 받은 것 같으리라"(고전 3:15).

'구원받은 어리석은 자'(saved fool)라는 카테고리가 존재하는 것이다. 은혜로 구원받은 자 중에 그 인생을 올바르게 쓰지 못한 자들이다.

그러나 또 다른 이들에게 우리 주님은 이렇게 말씀하실 것이다. "잘하였도다 착하고 충성된 종아." 예수님의 비유에서 주인의 영광과 영원한 기쁨을 위해 주인이 준 것을 최고로 사용한 이가 들었던 말처럼 말이다(마 25:21).

물론 이는 "너희는 그 은혜에 의하여 믿음으로 말미암아 구원을 받았으니 이것은 너희에게서 난 것이 아니요 하나님의 선물이라 행위에서 난 것이 아니니 이는 누구든지 자랑하지 못하게 함이라"(엡 2:8-9). 나는 정기적으로 내가 젊은 그리스도인이었을 때 배웠던 구원의 세 가지 시제를 스스로에게 상기시킨다. 은혜로 말미암아 나는 죄의 형벌로부터 이미 구원 얻었다. 은혜로 말미암아 나는 죄의 권세로부터 구원 얻는다. 은혜로 말미암아 나는 언젠가 죄의 영향력으로부터 구원 얻을 것이다.

은혜의 전리품인 여러분과 나는 "그가 만드신 바라 그리스도 예수 안에서 선한 일을 위하여 지으심을 받은 자니 이 일은 하나님이 전에 예비하사 우리로 그 가운데서 행하게 하려 하심이니라"(엡 2:10). 내가 구원받느냐는 오직 나를 위해 완성하신 그리스도의 사역에 기초하지만, 내가 그분을 만났을 때 "잘하였도다."라는 말씀을 듣느냐 못 듣느냐는 그리스도께서 나를 통해 하신 일, 즉 그리스도의 섬김 안에서 이루어진 내 사역에 기초한다.

당신의 사역에 대해 하나님의 입술로부터 "잘하였도다."라고 칭찬 듣는 상상을 해보라. 또 당신의 인생에 대해 하나님의 입술로부터 "너 어리석은 자여."라고 책망받는 상상을 해보라. 만약 영원의 기로에서 하나님께서 당신에게 눈을 고정하시며 "너 어리석은 자여."라고 말씀하신다면 이생에서 쌓았던 모든 성취는 일말의 가치도 없어질 것이다. 실패란 중요하지 않은 일에 성공하는 것이다. 그리고 만약 그 영원의 기로에서 하나님께서 당신을 웃음으로 맞이하시며 "잘하였도다 착하고 충성된 종아."라고 말씀하신다면 이생에서 한 모든 희생과 섬김과 노력은 영원한 가치를 지닐 것이다.

창조주이시며 당신의 아버지이신 분께 "잘하였도다."라는 말씀을 듣는 것이 가장 중요한 일 아니겠는가? 내 추도사에서 무어라 하든지 내 묘비에 무어라 새기든지, 그것이야말로 살 가치가 있는 삶의 척도다.

이 책은 이런 삶을 살려면 무엇이 필요한가에 관한 책이다. "어리석은 자여."라는 말 대신 "잘하였도다."라는 말을 듣는 인생이란 어떤 모습인가? 이 책은 어떤 형태로든 교회에서 리더십으로 섬기고 있는 사람을 위한 책이다(나는 '목사'라는 표현을 많이 사용하겠지만, '장로', '유년부 사역자', '성경 공부 인도자' 또는 당신에게 적용되는 어떤 것으로든 대체하면 된다). 이 책이 그리스도인 리더십 분야에서 권위 있는 책이라거나 이 책 한 권만 있으면 된다는 뜻이 결코 아니다. 그렇다고 술술 읽히는 것도 아니다(그랬으면 좋겠지만 말이다). 나는 이 책이 당신을 흔들어 놓고 바꾸어 놓기를 기대한다. 나는 이 모든 문제를 이미 다 해결한 사람으로서가 아니라 여전히 분투하고 있는 동료로서, 산꼭대기가 아니라 참호 속에서 썼다. 여기 쓴 내용은 모두 내가 반복해서 들어야 하는 것이며, 여러분도 그래야 하는 것이다. 왜냐고? 대부분 교회 지도자의 영적 건강이 그가 맡은 교인들의 영적 건강을 결정하기 때문이다. 이는 우리의 성공, 우리의 신실함, 우리의 성장 그리고 우리의 리더십이 중요하다는 것을, 영원한 가치를 지닌다는 것을 의미한다.

나는 신실한 리더가 되고 싶다. 아버지께서 내 눈을 바라보시고 내가 했던 사역을 살펴보시고는 "잘하였도다." 말씀해주시기를 원한다. 당신도 그 말씀을 들으면 좋겠다. 이는 우리가 성공을 정의하고, 우리 죄와 싸우며, 우리 자신을 이끌고, 우리의 교회를 섬겨야 함을 의미한다. 이렇게 한 문장으로 말하니 간단하게 들리겠지만, 만약 당신이 나와 같다면, 이것은 우리 인생 전체에 걸친 전투가 될 것이다.

Faithful Leaders and the Things That Matter Most

1장

성공을 정의하라

성공은 가장 중요한 그분의 입술에서 "잘하였도다."라는 말을 듣는 것이다. 실패란 전혀 중요하지 않은 일에 성공하는 것이다.

당신은 벌써 이 사실을 알고 있을 수 있다. 그러나 그렇게 살기란 얼마나 어려운가. 지금, 이곳에서, 주변 사람들이 당신을 칭찬하고 찬성해주기를 마음으로부터 원하지 않기란 얼마나 어려운가. 당신의 집, 자녀들의 행동, 또는—어쩌면 가장 위험할 수 있는—당신이 섬기는 교회의 크기나 예산, 또는 당신이 쓴 책의 발행 부수와 판매 부수로 성공을 측정하지 않기란 얼마나 어려운가.

그렇다면, 우리의 주님이시자 주인이신 분은 성공적인 사역을 어떻게 정의하실까?

죄수에게 배우다

여러모로 봤을 때 디모데후서를 쓰던 시기의 사도 바울은 실패했다. 그는 감옥에 있었다. 처형을 앞두고 있었다. 그를 따르던 이들은 떠났다. 그가 세운 그리스도인 공동체는 고투하고 있었고, 안에서의 분열과 밖으로부터의 핍박으로 인해 쪼개지고 있었다.

바울 이후에 일어난 일을 바울 당시에 일어난 일로 착각하지 않길 바란다. 그가 감옥 안에서 떨며 몇 안 남은 친구 중 한 명에게 편지를 쓰고 있을 때, 그는 자신이 심은 교회들이 역사상 유례없이 가장 빠르게 확산된 종교적 폭발의 씨앗이 되리라는 사실은 전혀 알 수 없었다. 그가 로마의 사형 집행인 손에 죽으리라고 예상했을 때, 그 제국 스스로 단지 기독교를 용인하는 것을 넘어 (좋게든 나쁘게든) 장려하리라는 사실은 전혀 알 수 없었다. 바울은 그 어떤 것도 알 수 없었고, 교회 성장 지표를 포함하여 모든 세상적 기준에서 실패한 사람이었다. 그의 장례식에 참석한 사람은 많지 않았고, 그를 기리는 부고 기사도 실리지 않았으며, 그가 묻힌 무덤의 위치도 기록되지 않았다.

그럼에도 바울은 자신의 삶이 성공적이지 않다고 보지 않는다. 그래서 그는 비록 세속의 기준으로는 실패한 것처럼 보일지라도 영원한 성공의 삶을 살도록 디모데를 부른다. 그는 "너는 … 부끄러울 것이 없는 일꾼으로 인정된 자로 자신을 하나님 앞에 드리기를 힘쓰라"(딤후 2:15)고 이 젊은 목사를 권면한다. 미래에 하나님께 "잘하였도다."라는 말을 들을 수 있도록 매일을 살라.

그러려면 디모데는 어떻게 해야 했을까? 우리는 어떻게 해야 할까?

두 가지다. 우리는 말씀을 올바로 알아야 하고, 우리 성품을 올바로 세워야 한다.

말씀을 올바로 알라

하나님께서 인정하시는 사람은 "진리의 말씀을 옳게 분별"하는 자다(딤후 2:15). 하나님의 말씀은 진리다. 이 사실은 당신 사역의 평생의 닻이 되어야 한다. 왜냐하면 그것이 하나님께서 인정하시는 사역의 유일한 닻이기 때문이다.

성경은 교리와 행동에 대한 궁극적 권위를 지닌다. 왜냐하면 성경은 하나님의 감동으로 된 진리의 말씀이기 때문이다(딤후

3:16). 성경은 하나님의 생각에서 출발한 것이고, 하나님이 말씀하신 것이다. 우리가 뭐라고 이것 외에 다른 것을 가르치겠는가? 설교자가 교회에서 낭랑하게 성경을 봉독한 후, 방금 읽은 말씀이 아닌 다른 것을 토대로 설교하는 것이 얼마나 교만한 일인지. 지난 세대의 수많은 교회에서 이 같은 일이 일어났다. 말씀은 선포했지만, 뒤이어 설교자는 거기서 한두 구절을 뽑아 자기 생각을 정당화하는 데 사용해온 것이다.

아니, 성공은 진리의 말씀을 옳게 분별하는 사역이다. 그리고 이 일은 할 수 있는 일이다. 어떻게? 바울은 먼저 "힘쓰라."고 말한다. 열망을 가지라. 노력할 준비를 하라. 당신은 "일꾼"이다. 어떤 상황에서든 말씀을 가르치려는 자라면 누구든지 이 일을 할 준비를 해야 한다. 열심히 해야 한다.

바로 앞 장에서 바울은 사역을 군사의 삶, 운동선수의 삶, 농부의 삶에 비유했다. 이 셋을 이어 주는 연결고리는 무엇인가? 셋 모두 훈련되어야 하며, 집중해야 하고, 인내해야 하는 일이다. 만약 내가 목사로서 애써야 한다는 사실을 예상하지 못했다면 그 일을 해서는 안 된다.

말씀을 가르치는 일은 농사짓는 일과 같다. 시간이 필요하다. 농사의 법칙은 결국 땅을 일구고, 씨를 뿌리고, 물을 주고,

기다리고, 수확하는 것이다. 말씀을 가르치는 일의 법칙도 시간을 들이고, 다른 사람들과 나누기 전에 그 말씀이 당신 안에서 싹 트기를 기다리는 것이다. 그러니 주일 설교를 토요일 밤에 준비할 수 있으리라 생각하는 잘못은 결코 하지 않아야 한다. 여러 해 동안 런던 세인트 헬렌스 비숍스게이트(St Helen's Bishopsgate)의 교구 목사였던 딕 루카스(Dick Lucas)가 자기가 맡은 목사보들에게 종종 말했듯이 "바지 뒷부분이 맨들맨들해져서 광이 날 때까지 서재 의자에 앉아 있어야 한다."

"옳게 분별하며"로 번역된 말의 헬라어 원어는 '오르도토문타'(*orthotomounta*)이다. 이 말에서 영어 '오소독시'(orthodoxy, 정통)가 나왔다. 원래 이 단어의 문자적 의미는 "똑바로 자르다"이다. 존 칼빈은 우리가 마치 한 아버지가 어린아이들을 위해 빵 덩어리를 다루듯 말씀을 다루어야 한다고 말했다. 아버지는 아이들에게 빵을 잘라 주어 그들이 소화하고 즐길 수 있게 한다.

또한 '오르도토메오'(*orthotomeo*)는 교외를 직선으로 가르지르는 것으로 유명한 로마의 도로들이 어떻게 건설되었는지 표현하는 데도 사용되었다. 우리는 말씀을 똑바로 잘라 사람들이 말씀을 명료하고 단순하게 이해할 수 있게 해야 한다. 우리는 모자에서 토끼를 꺼내는 마술사들이 아니다. 우리의 일은 말씀을 평이하게 하는 것이지 아리송하게 만드는 것이 아니다. 우리는 사람들이 설교를 듣고 나가면서 우리가 얼마나 똑똑하고 지적인지 감탄하지 않고 그리스도가 얼마나 위대하신지 말하기를 원한다. 말을 복잡하게 하는 것보다 이렇게 하는 데 훨씬 더 많은 노력이 든다. 간단히 말해, 당신은 말씀을 매우 깊이 이해해야 한다. 하나님의 영광을 위해 말씀을 똑바로 자를 수 있어야 한다.

이 정도 노력이 필요하다는 사실을 아무도 몰라줄 수 있다. 하지만 하나님은 아신다. 그리고 당신도 안다. 그분이 보시기에 칭찬받을 만하게 일하고 있다는 사실을 말이다. 바울은 우리에게 **"부끄러울 것이 없는 일꾼으로 인정된 자"**(딤후 2:15)가 되라고 말한다. 다시 말해 우리가 애쓰는 것은 현재나 미래에 교인들, 스태프팀, 총회, 독자들의 박수를 받고자 함이 아니다. 우리는 멘토나 동료들의 칭찬을 위해 일하지 않는다.

나는 존 스토트의 교회 스태프로 사역할 수 있는 특권을 누렸다. 그러나 솔직히 말해, 2011년 그가 영광 중에 들어가기 전 마지막으로 그를 만났을 때에야 비로소 그동안 내가 얼마나 그의 "잘하였도다."라는 말을 듣기 위해 사역해왔는지 깨달았다. 이제는 다시 그에게서 그 말을 들을 수 없다. 나 자신에게 이렇게 물었던 기억이 난다. "자 그럼, 리코, 이제 누구를 위해서 이 일을 하지?"

만약 당신이 목사라면, 이렇게 표현해보겠다. 만약 당신에게 남은 날 동안 교인 수가 결코 50명을 넘지 못하고, 회담이나 주말 교회에서 연설하도록 초대받지도 못하고, 책을 내지도 못하고, 팟캐스트에 한 번도 참여하지 못하고, 다른 사역자들의 박수도 받지 못한다면… 당신은 그래도 진리의 말씀을 옳게 분별하기 위해 애써 일할 것인가? 이것이 도전이다. 우리는 우리가 주일 강단에 서서 하는 일을 보시는 것과 동일하게 주중에 서재 의자에 앉아 있거나 무릎 꿇고 기도할 때 벌어지는 노고를 보시는 하나님의 인정을 바라며 살아야 한다.

그러면 마지막 심판 날에 부끄러움당할 일은 없을 것이다. 그날 우리 사역은 판단받을 것이고 우리가 세운 것이 금이나 은이나 보석으로 만들어졌는지, 나무나 지푸라기나 풀로 만들어졌는지 드러날 것이다(고전 3:12-13). 그날 받을 질문은 교인이나 예산을 얼마나 불렸는지가 아닐 것이다. 얼마나 많은 분량의 칼럼을 썼는지, 얼마나 많은 소셜미디어 팔로워가 있는지는 더더욱 아닐 것이다. 당신은 이미 모두 알고 있을 것이다. 그리고 내 생각에, 아는 대로 따라 살기 힘들어하고 있을 것이다.

아니, 심판의 날에 정말 중요한 것은 당신이 은혜에 관한 진리를, 은혜로 가르쳤는지다. 당신의 사역이 과연 "은혜와 진리가 충만"하신 분을 반영하는지다(요 1:14). 중요한 것은 과연 당신이 이렇게 말할 수 있을지다. "성경에 대해 문화가 무어라 하든지, 때로 우리 교인들이 무어라 하든지, 어떤 조롱을 받더라도 저는 성경을 가르치는 데 힘썼습니다. 저는 당신의 말씀을 당신이 말씀하신 대로 가르쳤습니다. 주 예수님, 당신이 말씀하신 은혜로 저는 당신의 말씀을 가르쳤습니다."

그러나 모든 목사가 이렇게 말할 수 있지는 않을 것이다. 만약 자신이 그럴 수 있으리라 예상한다면 우리는 어리석은 자일 것이다.

더 쉬운 사역

디모데를 향한 바울의 부름에는 비극이 숨어 있다. 이 부름의 배경에는 다른 형태의 사역이 있기 때문이다. 말씀에 다르게 접근하는 방법, 곧 더 쉽고 더 대중적인 방법은 항상 있는데, 말씀을 똑바로 잘라 길을 내지 않고 말씀을 비껴가는 방법이다. "그 중에 후메내오와 빌레도가 있느니라 진리에 관하여는 그들이 그릇되었도다 … 어떤 사람들의 믿음을 무너뜨리느 니라"(딤후 2:17-18). 바울은 이렇게 말하는 것이다. 만약 빌레도가 설교하고 있다면, 가서 듣지 마라. 만약 빌레도의 교회에 있다면, 떠나라. 만약 후메내오가 성경 공부나 주일 학교를 인도하고 있다면, 거기 네가 없으면 좋겠다. 그들의 사역은 "듣는 자들을 망하게" 하며 "악성 종양이 퍼져나감과 같"기 때문이다(딤후 2:14, 17). 그들의 사역은 빠르게 성장한다. 그리고 이 사역은 말 그대로 파괴적이다(딤후 2:14). 영혼을 살찌우는 것이 아니라 영혼을 먹이 삼는 사역이다.

거짓 가르침은 단지 다른 관점이 아니다. 그것은 종양이다. 파멸로 향하게 하는 것, 영적 파선으로 이끄는 것이다(딤전 1:19). 나는 최근에 파키스탄의 라호르(Lahore)를 방문했다. 그리스도인에게 위험한 곳이다. 자살 테러 위협 때문에 내가 참석하기로 했던 행사 하나가 취소되었는데, 이것은 파키스탄의 그리스도인들이 매주 마주해야 하는 위험 중 하나에 불과했다. 내 방문 일정이 거의 끝나가고 있을 때 교회의 연장자 리더에게 내가 도울 일이 무엇이 있겠느냐고 물었다. 교회는 극심하게 가난했고, 지역 그리스도인들을 향한 압박은 너무 강했기 때문에 헌금을 조달해달라고 부탁했다면 충분히 도움이 될 수 있는 상황이었다. 그러나 그는 전혀 돈을 구하지 않았다.

그는 오히려 이렇게 말했다. "우리는 여기 무슬림들 때문에 교회를 개척할 수 없습니다. 그들은 당신네 영국 주교들이 성(性)에 관해 하는 이야기를 듣고 우리가 그 주교들과 같은 가르침을 전한다고 생각하거든요. 그들은 우리가 가족이 하나 되게 하는 가르침을 전하지 않는다고 말합니다. 그래서 우리가 교회를 개척할 수 없게 하죠. 내가 원하는 건 당신들의 돈이 아닙니다. 당신들의 정통을 원합니다. 나는 당신들이 신실하면 좋겠습니다."

거짓 가르침은 우리가 보고, 상상할 수 있는 것보다 훨씬 더 종양 같은 영향력을 미친다. 그래서 우리는 이런 가르침을 삼가고, 진리를 벗어나려는 유혹을 거부해야 한다. 그 가르침이 별로 중요하지 않다고 생각하려는 유혹을 뿌리치고, 반드시 다른 이들의 가르침에 맞서야 한다. 복음 진리의 핵심—예수님은 누구신가, 왜 오셨는가, 다시 오시는가—에 관한 한 거기서 벗어나는 것은 치명적이다. 나는 어떻게 해야 할까? 나는 반드시 "(복음을) 거역하는 자를 온유함으로 훈계"해야 하며 "혹 하나님이 그들에게 회개함을 주사 진리를 알게 하실까" 기도해야 한다(딤후 2:25). 그리고 다른 사람이 내 삶에 대해 서로 동일하게 말해줄 수 있다고 예상해야 하고, 만약 내가 벗어나려 할 때 누군가 내 길을 바로잡아 주는 데 준비되어 있어야 한다.

어떻게 이렇게 파괴적인 가르침이 침투한 걸까?

먼저, 이런 일은 우리가 세상처럼 생각하기 시작할 때 일어난다. 디모데후서 2장 16절에서 "불경건한 수다"(godless chatter, NIV) 또는 "불손한 잡담"(irreverent babble, ESV)[2]으로 번역된 부분은 더 가깝게는 '범속한 말'(profane talk)로 번역된다. '범속한'은 '성전 바깥에'(outside the temple)에서 유래한 말이다. 즉, 범속한 것은 교회 안에서 세속적인 사고, 세상의 우선순위와 관점이 성경적인 우선순위와 관점보다 우위에 서도록 두는 것을 의미한다.

그 길을 따라가는 것이 유혹적이라는 것을 안다. 내가 섬기는 런던 중심부의 교회인 올 솔스 랭햄 플레이스(All Souls Langham Place)는 BBC 방송국 바로 옆에 있다. 이 방송국은 영국에서 사랑받는 세속적인 사고의 요새다. 만약 올 솔스에 사람들이 가득 모이게 하려면 조금 더 관용적이고 조금 더 열려 있고 조금 더 문화에 영합하고 조금 덜 도전적일 필요가 있을 것이다. 그렇지 않은가? 만약 우리가 교회가 자리한 곳의 문화를 고려하

---

[2] 개역개정 성경에는 "망령되고 헛된 말"로 번역되었다.—옮긴이 주

지 않고 우리의 메시지만 과시하려 든다면 우리는 결코 성공할 수 없을 것이다. 그렇지 않은가?

이런 식으로 우리는 가던 길에서 방향을 틀게 된다. 당신은 자신이 처한 상황을 알고, 이 유혹이 어떻게 당신에게 접근하는지 알아낼 필요가 있다.

그다음, 우리가 세상처럼 생각하기 시작하면 곧 세상처럼 말하게 된다. 후메내오와 빌레도의 경우에서 보듯이, 부활에 관한 가르침은 이미 선포되고 있었다. 당시 보편적인 헬라 문화의 관점에서 육체의 부활은 받아들일 수 없는 것이었다. 자신들이 잘못된 편에 설 수도 있는 최후 심판의 날의 개념을 환영하는 문화적 엘리트 계층은 없었다. 따라서 모든 사람이 당장 부활의 삶을, 즉 고통과 어려움과 고난이 끝나고 온전함과 승리가 지속되는 삶을 향유할 수 있다는 거짓 가르침은 당시 1세기 로마 세계에 잘 먹혀들었다. 그 가르침은 처형을 앞둔 죄수였던 바울의 메시지와 나란히 놓았을 때 특히 더 인기가 있었을 것이다. 바울의 메시지는 "우리가 하나님의 나라에 들어가려면 많은 환난을 겪어야 할 것이라"였다(행 14:22). 둘 중 어느 가르침이 더 큰 성장으로 이끌겠는가? 어느 쪽이 더 성공적이겠는가?

거짓 가르침은 먼저 현혹하고, 그다음에는 왜곡한다. 엇나가게 하고, 끝내는 파멸시킨다. 이것이 언제나 되풀이되는 네 단계다.

먼저, 현혹해 사람들을 불러 모은다. 오래된 교회의 오래된 메시지는 거리의 쇼와 대조하면 매우 지루해 보인다. 거리는 흥이 넘친다. 하나님께서 일하시는 것 같다. 그러나 거짓 가르침은 왜곡한다. 각도가 살짝만 비껴난 듯 보였던 길을 쭉 따라 걷다 보면 어느새 좁은 길에서 매우 멀리 벗어나 있을 것이다. 간격은 점차 벌어진다. 우리는 이미 부활했고, 부활의 모든 열매를 지금 여기서 바로 누릴 수 있습니다! 승리하는 삶을 사십시오! 하나님께서 당신을 위해 더욱 많은 것을 원하십니다! 그래서 거짓 가르침은 엇나간다. 나는 고통에서 자유로운 삶을 살 수 있어. 대체 왜 바울의 이야기를 들어야 하는지 모르겠어. 그는 감옥에 있는데 말야. 그리고 그의 가르침은, 글쎄, 다소 부정적이잖아. 아니, 나는 그가 말하는 고통과 유혹과 슬픔과 아픔의 삶 대신 승리의 삶을 살겠어.

그리고 나서 이 가르침은 파멸시킨다.

직장을 잃었어. 어머니를 위해 기도했지만, 그래도 돌아가셨어. 우리 부부는 아이를 원했는데 아직도 생기지 않았어. 나는 여전히 그 유혹과 싸우고 있어. 하나님은 하겠다고 하시고는 아무것도 하지 않으셨어. 하나님께서 약속하신 삶은 한 번도 현실로 나타나지 않았어, 적어도 내게는. 나를 사랑하시지 않는 거야. 나는 충분히 선하지 않은 거야. 아니, 하나님이 계시기라도 한 거야? 이런 신앙이 무슨 의미가 있담. 이제 안녕이다.

거짓 가르침은 겉으로 보기에 명백하게 성경의 진리에 반하는 것을 의미하지만, 사실 더 본질적으로는 그래서 더 위험하게는, 문화적으로나 개인적으로 받아들이기 힘든 영적 진리들을 전혀 언급하지 않는 것도 의미한다(골 1:28). 하나님의 경륜을 온전히 가르치지 않는 것이다(행 20:27).

나는 최근에 어느 메가처치에서 가르치는 내용을 대상으로 심층 연구를 한 사람과 대화할 기회가 있었다. 그의 결론은 설교자들이 자기가 믿는 대로 설교하지 않는다는 것이었다. 어떤 진리들은 성장을 저해할 것처럼 보였고, 설교자들은 그런 진리들은 간과하거나 전혀 가르치지 않았다(여기에 '해피엔드' 같은 건 없다. 그 교회의 지도자들은 어떤 변화도 받아들이지 않기로 결정했다. 한 연장자 리더가 그 결정에 대항해 용감하게 사직을 했는데도 말이다).

이런 식으로 받아들이기 어려운 진리를 언급하려 하지 않는 것은 그 진리들을 직접적으로 거부하는 것에 비해 (다른 사람들의 가르침에서뿐 아니라 우리 자신의 가르침에서도) 쉽게 포착되기 어렵다. 그러나 두 가르침의 방법은 모두 잘못됐다. 그리고 둘 모두 파괴적이다. 우리는 반드시 우리가 믿는 바를 설교해야 한다. 그리고 우리가 믿는 모든 것을 설교해야 한다.

이처럼 진리를 벗어나고자 하는 것은 세상처럼 생각하고 세상처럼 말하는 데서 온다. 그러나 세 번째가 가장 공포스럽다. 벗어남은 이런 일이 자신에게는 일어나지 않으리라 생각하는 데서 발생한다. 바울이 후메내오와 빌레도를 언급했을 때 디모데는 그들이 누군지 알고 있었다. 그들은 처음 보는 사람이 아니었다. 그들은 줄곧 동역자였다. 데마도 마찬가지였다. 그는 바울이 골로새 교회와 그의 벗 빌레몬에게 편지했을 때 바울과 누가와 함께 있었던 사람이었다(골 4:14; 몬 1:24). 그런데 디모데에게 편지했을 때 데마는 끔찍하게도 "이 세상을 사랑하여 나[바울]를 버리고" 가 버린 후였다(딤후 4:10). 이것이 문제다. 이들은 모두 진리를 알았다. 이들은 신실하게 성경 공부를 인도하던 때가 있었고, 신실하게 설교하던 때가 있었고, 말씀을 똑바로 자르던 때가 있었다…. 그러나 점차, 한 뼘 한 뼘 진리로부터 떠나갔다.

나는 이 사안을 과학적으로 연구해본 적은 없지만, 수십 년간 사역하면서 느낀 것은 오늘날 이목을 끄는 위험한 거짓 교사들이 처음부터 그런 자들은 아니었다는 점이다. 다시 말해, 그들도 한때 당신과 나처럼 진리에 헌신한 자들이었다. 그들도 한때 말씀을 똑바로 자른 자들이었다. 당신이 그들보다 더 은사가 많거나 더 뛰어난 교육을 받았거나 더 열심히 일한다고 할 수 있는가? 아마 아닐 것이다. 만약 후메내오에게 그런 일이 일어났다면, 디모데에게도 일어날 수 있다. 만약 이 일이 [비극적으로 진리에서 벗어난 거짓 교사의 이름을 여기 넣어 보라]에게 일어날 수 있다면, 당신에게도 일어날 수 있다.

그렇다면 이 현실에 어떻게 반응해야 할까? "너는 진리의 말씀을 옳게 분별하며 부끄러울 것이 없는 일꾼으로 인정된 자로 자신을 하나님 앞에 드리기를 힘쓰라"(딤후 2:15). 바울은 말씀을 올바르게 깨닫기 위해 총력을 기울이라고 자신보다 어린 벗에게 권면한다.

이런 의미에서 내게 주어진 커다란 복 하나는 우리 교회의 목요 아침 설교 그룹이다. 교회를 섬기는 사람이라면 누구나 올 수 있으며, 주일 설교를 맡은 사람이 그들에게 설교한 후 20분 동안 피드백을 받는다. 나는 그 피드백을 듣고 설교 본문과 더 열심히 씨름했던 때를 떠올릴 수 있다. 또 본문이 말하는 바를 말하기 위해 내가 말하는 방식을 바꾸었던 때도 기억한다. 설교 준비는 개인적인 활동이 아니며, 강단에 올라가기 전까지 베일에 싸여 있어야 하는 것도 아니다. 나는 기도하고 준비하고 설교하고 나서야 피드백을 받는 목사들을 보며 항상 놀란다. 그때는 이미 너무 늦었다. 25년 동안, 목요 아침 모임은 내가 말씀을 똑바로 자를 수 있게 해주었다.

성공이 무엇인지 기억하라. 말씀을 올바로 알라. 계속해서 말씀을 올바로 가르치라. 계속해서 힘쓰라. 계속해서 자신을 되돌리고, 다른 사람들도 당신을 되돌릴 수 있게 하라. 다른 누구의 말이 아닌, 하나님의 "잘하였도다."라는 말을 듣도록 계속해서 일하라.

그리고 당신의 성품이 당신의 가르침과 일치하도록 하라.

성품은 중요하다

성경 어디서도 진리를 살아 내라는 명령은 하지 않은 채 진리를 가르치기만 하라고 사람을 부르지는 않는다. 디모데전서 3장 2-7절에서 바울이 나열한 '감독'의 자질 중 성품이나 관계에 관한 것은 열두 가지고, 가르침에 관한 것은 하나뿐이다. "가르치기를 잘"하는 사람들은 앞서 언급한 "우리는 말씀을 올바로 알아야 하고, 우리 성품을 올바로 세워야 한다."는 말이 쉽게 읽히고, 이 말의 후반절보다 전반절에 집중하기 십상이다. 그러나 둘 중 하나만으로는 합격점을 받을 수 없다. 지도자의 성품은 부수적인 것도 아니고, 가르치기를 잘하는 것이 행동의 연약함을 합리화하거나 상쇄할 수 있는 것도 아니다. 큰 교회에서 목회하는 한 친구가 최근 이렇게 말했다. 복음주의 리더십이 가진 다수의 약점은 그 뿌리가 가르침과 은사만 강조하고 성품과 경건은 강조하지 않은 데 있다고 말이다. 하나님의 말씀은 우리를 그렇게 가르치지 않는다.

디모데후서 2장도 다르지 않다. 바울은 디모데에게 말씀을 옳게 분별하라고 가르치면서 계속해서 성품에 대해 말한다. 그는 큰 집의 이미지를 떠올리게 하는데, 여느 멋진 집이 그렇듯이('다운튼 애비'[Downton Abbey]를 생각해보라) 거기에는 수많은 "그릇"이 있다. 그릇에는 "귀하게 쓰는 것도 있고 천하게 쓰는 것도" 있다(딤후 2:20). 어떤 그릇들은 영광스러운 일에 쓰이겠지만 또 어떤 그릇들은 전혀 가치 없는 일에 쓰일 것이다.

바울은 디모데에게, 그리고 모든 그리스도인에게 쓸모 있으라고 말한다. 어떻게 그럴 수 있는가? "누구든지 이런 것에서 자기를 깨끗하게 하면 귀히 쓰는 그릇이 되어 거룩하고 주인의 쓰심에 합당하며 모든 선한 일에 준비함이 되리라"(딤후 2:21). 가장 위대한 집은 하나님의 백성이다. 그리고 본질적인 질문은 이것이다. 나는 은그릇이 될 것인가 아니면 쓰레기봉투가 될 것인가? 나는 주인에게 쓸모 있는 자가 될 것인가 아닌가? 여기서 "깨끗"함의 핵심은 내 가르침의 수준이 아니라 성품의 경건함, 즉 나의 거룩함이다. 이 성품이 지속적으로 사역과 함께한다.

경건한 성품을 가진 사람은 어떤 특징이 있을까? 먼저, 그들은 발이 빠르다. "너는 청년의 정욕을 피하고 주를 깨끗한 마음으로 부르는 자들과 함께 의와 믿음과 사랑과 화평을 따르라"(딤후 2:22). 경건한 사람은 두 방향으로 달릴 수 있다. 그들은 청년(바울은 아마 40세 미만을 뜻했을 것이다)의 악한 정욕으로부터 도망친다. 여기서 말한 것은 미숙한 정욕(immature desires)이다. 현재 상황에 조바심치는 것, 주제넘게 나서는 것, 규칙과 일과를 무시하는 것, 권위에 마지못해 순종하거나 관리받지 않으려는 것 등이다. 이런 것은 청년들에게서 나타나는 경향이 있다(물론 우리는 나이 들어도 이런 경향에서 벗어나지 못한 사람들과, 하나님의 은혜로 젊어서도 이런 경향을 보이지 않는 사람들을 알게 될 것이다). 그리고 여기서 청년의

미숙한 정욕이 때때로 슬프게도, 성의 영역에 가장 파괴적으로 영향을 미친다는 점에 주목하는 것이 적절할 것이다.

바울은 말한다. 자신의 욕망을 발견하는 법을 배우고, 그 욕망을 키우지 말고 도망쳐라. 우리는 악한 욕망으로부터 도망칠 뿐 아니라 "의와 믿음과 사랑과 화평을 따르"기 위해 영적인 다리를 사용해야 한다. 이것들을 어떻게 추구할까? "주를 깨끗한 마음으로 부르는 자들과 함께"함으로 가능하다. 달리 말해, 경건한 성품은 모난 개인주의자들 사이에서 자라지 않는다.

그러니까 목사라면 제임스 본드(James Bond)나 서부 영화의 클린트 이스트우드(Clint Eastwood)를 자신의 모델로 삼아서는 안 된다는 의미다. 그런데 우린 너무 자주 그렇게 한다. 본드나 클린트에게 친구는 없었다. 그렇지 않은가? (물론 그들도 때로 친구가 있다. 그런데 그 친구들은 거의 예외 없이 영화가 끝나기 전에 총에 맞는다.) 그들은 혼자다. 그들의 싸움과 승리도 혼자만의 것이다. 그 누구에게 그 어떤 것도 기대고 있지 않다.

문제는 실제 삶에서도 그들처럼 살려 할 때 우리는 지고 만다는 것이다. 나는 종종 자기 사역이나 직업이나 결혼을 어떤 식으로든 말아먹은 사람들을 만나 그들과 대화를 나누다가 깨닫는다. "아무도 당신 삶에 들어오지 못하게 했군요. 혼자 싸웠고

혼자 진 겁니다." 거룩한 성품은 외로운 늑대들 사이가 아니라 무리 중에서 자라난다. 그리고 만약 당신이 이 글을 읽으면서 이렇게 생각하고 있다면—"난 괜찮아. 마음을 열고 서로 책임지고 우정을 추구하는 것은 정말 내 스타일이 아니야"—한마디만 하겠다. 사탄이 짜릿해할 것이다.

온유함은 협상 가능하지 않다

빠른 발과 함께 우리는 정결한 입술이 필요하다. "주의 종은 마땅히 다투지 아니하고 모든 사람에 대하여 온유하며 가르치기를 잘하며 참으며"(딤후 2:24). 유진 피터슨의 번역이 매우 도움이 된다.

"하나님의 종은 논쟁을 좋아하기보다는, 오히려 귀 기울여 듣는 사람과 침착한 교사가 되어야 합니다. 그래서 순종하지 않는 자들을 단호하면서도 참을성 있게 바로잡아 주어야 합니다"(메시지 성경).

"침착한 교사." 사역 인생 전체가 단어 하나를 잘못 사용해서 무용지물이 될 수 있다. 하나님께서 인정하신 목회직이 끊임없이 논쟁하고자 하는 욕망에 의해 무력해질 수 있다. 맞다, 우리는 복음을 주장해야 하며 복음에 반하여 가르치는 이들에 맞서 일어나야 한다. 온유함과 견고함은 반대말이 아니다. 그렇다고 의견이 다른 부수적 문제마다 꼭 공적 논쟁으로 해결하라는 의미는 아니다. 트위터에서 일어나는 논쟁마다 한마디라도 거들어야 한다는 의미도 아니다. 무엇보다 진리를 변호한다는 이유로 온유함을 희생해도 된다는 의미는 더더욱 아니다. 이것이 의미하는 바는 복음을 주장하되 개개인을 표적 삼아 설교하는 대신 은혜로운 방식으로 하라는 것이다.

종종 가장 좋은 방법은 사람들에게 질문하는 것이다. 질문은 그들이 견지하는 의견이 어떤 결과를 야기하는지 혹은 복음의 기본 교리와 어떻게 모순되는지를 보여 주는 데 도움이 된다. 결국, 문제는 이것이다. 당신은 과연 사역을 어렵게 하는 그 사람에게, 그리고 그 사람에 대해 선하고 온유하게 말하는가? 정결한 입술을 가진 자가 되겠는가, 아니면 절제하지 못하는 혀의 주인이 되겠는가?

무엇보다 우리는 섬김받으러 오신 것이 아니라 섬기러 오신 주님을 따른다. 수년 전, "에드워디언 컨트리 하우스"(The

Edwardian Country House)라는 TV 시리즈가 방영됐다. 여섯 편의 에피소드에서 사람들은 100년 된 집에 살면서 실제 주인과 안주인 또는 하인의 역할을 했다. 과거 영국의 계급 제도에 기초한 상당히 엄격한 행동 수칙도 제시되었다. 그중 주인과 안주인이 지켜야 할 어느 규칙은 다음과 같다.

"우연히 하급 하인을 만나면 그들 눈에 띄지 않게 지나쳐야 한다. 그러면 당신은 자신들이 거기에 있는 것을 설명하는 부끄러움을 그들이 느끼게 하지 않을 것이다."

그리고 하급 하인이 지켜야 할 어느 규칙은 다음과 같다.

"집 안에서 상급자를 만나면 자신이 눈에 띄지 않게 하고, 물러나 자리를 내주고, 등을 돌리고, 눈을 피하도록 힘써야 한다."

우리는 이런 규칙에 반발한다. 그러나 가장하지는 말자. 우리 모두 이런 상황이라면 하인이 아닌 주인이 되는 것을 선호하지 않는가. 아니, 목사로서 때때로(일일이 확인하지 않는다면, 많은 경우에) 주인이 되고자 하는 선호를 충족할 수 있는 위치를 누리

1장 **성공을 정의하라** 49

려고 하지 않은가. 최근의 매우 슬픈 소식들이 잘 보여 주듯이, 자기 결정에 아무도 토 달지 않는 것을 당연하게 여기거나, 다른 사람들을 덜 중요하게 또는 쓸모없게 대하거나, 자신에게 동의하지 않는 사람의 입을 막거나, 더 '낮은' 위치에 있는 이들에게 주의를 기울이지 않는 등의 행동에서 자유로운 목사는 없다. 스스로 물어야 한다. 혹시 내가 교인들에게 질문하면 과연 이렇게 답할까? "네. 이 사람은 모두에게 친절해요. 혹시 그렇지 못했을 때는 재빨리 인정하고, 사과하고, 잘못을 바로잡죠."

잘하였도다

결국 사역의 핵심은 신실하게 말씀을 가르쳐 주인에게 쓸모 있는 종이 되는 것 이상이다. 학문적으로 뛰어나거나 화려한 웅변을 하거나 영감 있는 비전을 제시하는 것이 핵심이 아니다. 경건이 핵심이다.

우리 중 다수는 무의식적으로 경건을 매력적으로 느끼지 않으리라 생각한다. 내 생각에 경건은 아주 힘겨운 일이고, 시간이 걸리는 일이며, 우리의 성품을 갈고 닦는 일이기 때문이리라. 눈에 잘 띄지 않으며 더 높이 칭송받지도 않는다(기독교 콘퍼런스의 강연자가 그들의 직함, 설교 능력, 성공적인 저술이 아닌, 그들의 경건한 성품이 언급됨으로써 연단에서 환영받는 것을 들어 본 적이 있는가?). 이것이, 즉 말씀을 똑바로 자르고 우리의 성품을 깨끗하게 하는 것이 바로 부르심이다.

우리 대부분은 이런 태도로 사역하는 모범을 보이는 사람들을 알고 있을 것이다. 그걸 보는 건 정말 멋진 일이다. 지금 당장 생각나는 분은 나를 그리스도께로 인도한 분이다. 그분은 온유하고, 오래 참고, 쉽게 화내지 않고, 나와 다른 사람들을 친절하게 가르쳤다.

블로거이자 저자인 팀 찰리스(Tim Challies) 장로가 말한 것과 같다.

"목회에서 가장 높은 특권이자 가장 위대한 영광은 교회 강단에 서는 것이 아니라 병원 침대 곁에서 기도하는 것이다. 그곳은 가장 높은 장소로 여겨지지 않으나 가장 드러나지 않은 섬김의 자리다. 진리를 수천 명에게 선포하는 것은 아니지만 한 명에게 나지막이 전한다. 목회의 가장 거룩한 순간은 가장 적은 사람이 목격하는 곳에서 나타난다. 그리고 나는, 결국 이런 것들이야말로 가장 소중한 것이라고 확신하게 되었다. 대부분의 사람이 당신이 했던 설교는 잊을 것이다. 그러나 그들이 당신을 불렀을 때 당신이 왔던 일은 기억할 것이다. 그들의 마음이 깨어진 순간에 당신이 함께했다는 것, 자신들을 주님께로 인도하고 슬픔 중에도 진리를 전하기 위해 당신이 그곳에 있었다는 것을 기억할 것이다." (challies.com/articles/the-celebrity-pastor-wevenever-known/, 2020년 6월 23일 접속함)

이것이 바로 성공한 삶이다. 이것이 성공한 사역이기 때문이다. 세상은, 그리고 정말 많은 교회가, 어쩌면 당신의 교회도 이 사실을 알아채지 못하거나 당신에게 감사해하지 않을지도 모른다. 세상은, 그리고 비극적이게도, 그리스도인이라 공언하는 많은 이도 성품이 경건한 사람보다 세상적인 사람에게, 또는 성경이 말하는 것보다 세상이 말하는 것에 더 영향을 받아 가르치는 자에게 박수를 보내는 경향이 있을 것이다. 그러나 200년만 지나도 그 모든 것이 아무 의미를 가지지 못할 것이다.

"너는 진리의 말씀을 옳게 분별하며 부끄러울 것이 없는 일꾼으로 인정된 자로 자신을 하나님 앞에 드리기를 힘쓰라." 실패란 잘못된 일에 성공하는 것이다. 목사에게 성공이란 말씀을 똑바로 자르고 깨끗한 성품으로 살고 난 후 어느 날 그의 목자 앞에 서서 영원한 기쁨이 될 그 소중한 말을 듣는 것이다.

"잘하였도다, 착하고 충성된 종아."

2장

자기 죄와 싸우라

혹시 엄청난, 진짜 두려움을 느껴본 적 있는가? 나는 부끄러움 없이 이 장(章)이 당신의 배 속에 나비가 아니라 오히려 독수리를 낳길 바란다. 내 경우에는, 1954년 런던 해린게이(Harringay)에서 빌리 그레이엄(Billy Graham)이 선교 사역을 앞두고 리더들과 스태프들, 상담자들을 모아놓고 설교하기로 결정한 이 본문보다 구약성경 전체에서 더 나를 아프게 하고 나를 형성한 구절은 없다.

바로 여호수아서 7장의 아간 이야기다. 그레이엄 목사는 하나님의 은혜로 2백만 명이 참석하고 4만 명이 신앙을 고백하게 될 두 달간의 선교 사역을 도울 사람들을 준비시키기 위해 설교했다. 그레이엄 목사는 얼마든지 다른 성경 본문으로 설교할 수 있었다. 그런데 3천 년 전 하나님의 백성이 약속의 땅으로 들어간 역사를 골랐다. 특별하지 않은가? 왜 이 본문을 골랐던 것일까?

왜냐하면 선교에서 경건이야말로 중요한 문제였기 때문이다. 그리고 이것은 당신의 사역에도 동일하게 중요하다.

기도를 멈추라

여러분을 데리고 가나안 땅 경계로 가 보겠다. 이제 여호수아는 이스라엘 백성을 데리고 40년의 광야 생활을 뒤로하고 약속의 땅으로 들어갈 참이다. 여리고 요새가 기적적으로 무너져 내린 직후의 이야기다.

이스라엘 사람들이 약속의 땅이 확실히 자기들에게 주어졌다고 믿었던 순간이 있다면, 다름 아닌 하나님께서 흔들어 무너뜨리신 여리고 성벽을 보았을 때일 것이다. 여호수아서 6장은 다음과 같이 끝난다. "여호와께서 여호수아와 함께 하시니 여호수아의 소문이 그 온 땅에 퍼지니라"(수 6:27).

이제 아이성 차례다. 이 요새 역시 가나안 땅 중심부의 전략적 위치를 차지하고 있었다. 정복을 계속하려면 아이성이 함락돼야 했다. 아주 작은 성읍에 불과해 약간의 저항 후에 무너질 수 있을 터였다. 정탐꾼들이 돌아와 여호수아에게 이렇게 보고했다. "백성을 다 올라가게 하지 말고 이삼천 명만 올라가서 아이를 치게 하소서 그들은 소수이니 모든 백성을 그리로 보내어 수고롭게 하지 마소서"(수 7:3).

여호수아가 안도의 한숨을 쉬는 모습을 상상할 수 있을 것이다. 그는 이 작전을 부하 장교에게 맡겼다. 그러고는 대다수의 병사에게 하루 휴가를 주었다. 그 거대한 성읍 여리고도 한 명의 사상자 없이 함락했다. 아이성 정복은 쉬우리라.

"백성 중 삼천 명쯤 그리로 올라갔다가 아이 사람 앞에서 도망하니 아이 사람이 그들을 삼십육 명쯤 쳐죽이고 성문 앞에서부터 스바림까지 쫓아가 내려가는 비탈에서 쳤으므로 백성의 마음이 녹아 물 같이 된지라"(수 7:4-5).

이것은 여호수아서에서 볼 수 있는 유일한 패전 기록이다. 여호수아서에서 하나님의 백성이 전투에서 죽임당한 유일한 사건이기도 하다. 이제 "백성의 마음이 녹아 물 같이" 되었다. 이전까지 마음이 녹아 물같이 된 이들은 이스라엘의 대적이었다. 여리고성 주민으로서 이스라엘 편이 된 라합은 일전에 여호수아의 정탐꾼들에게 이렇게 말했다.

"여호와께서 이 땅을 너희에게 주신 줄을 내가 아노라 우리가 너희를 심히 두려워하고 이 땅 주민들이 다 너희 앞에서 간담이 녹나니 이는 너희가 애굽에서 나올 때에 여호와께서 너희 앞에서 홍해 물을 마르게 하신 일과 너희가 요단 저쪽에 있는 아모리 사람의 두 왕 시혼과 옥에게 행한 일 곧 그들을 전멸시킨 일을 우리가 들었음이니라 우리가 듣자 곧 마음이 녹았고 너희로 말미암아 사람이 정신을 잃었나니 너희의 하나님 여호와는 위로는 하늘에서도 아래로는 땅에서도 하나님이시니라"(수 2:9-11).

그 후에도 마찬가지였다.

"요단 서쪽의 아모리 사람의 모든 왕들과 해변의 가나안 사람의 모든 왕들이 여호와께서 요단 물을 이스라엘 자손들 앞에서 말리시고 우리를 건너게 하셨음을 듣고 마음이 녹았고 이스라엘 자손들 때문에 정신을 잃었더라"(수 5:1).

물론 그들은 그러지 않았다. 그들은 자신들이 무엇과 맞서고 있는지 알고 있었다. 바로 주 하나님이었다. 그런데 7장에서 입

장이 완전히 바뀌었다. "여호수아가 옷을 찢고 이스라엘 장로들과 함께 여호와의 궤 앞에서 땅에 엎드려 머리에 티끌을 뒤집어쓰고 저물도록 있다가"(수 7:6). 심각하고 침울한 기도 모임이었다. 그들은 혼란스러웠다. 승리의 문턱에서 패전했기 때문이다. 우리에게 실패를 주실 거라면 우리를 왜 이곳으로 데려오셨습니까, 하나님? 여호수아는 물었다. 아이성에서 무슨 일이 일어났는지 물으러 사람들이 우리 주변으로 오면 뭐라고 대답합니까? 그들은 우리를 둘러싸고 우리를 쓸어 버릴 것입니다. "주의 크신 이름을 위하여 어떻게 하시려 하나이까"(수 7:9).

그때 충격적인 일이 발생한다.

"여호와께서 여호수아에게 이르시되 일어나라 어찌하여 이렇게 엎드렸느냐"(수 7:10).

나는 성경의 다른 어디서도 하나님께서 기도를 멈추라고 말씀하신 것을 보지 못했다. 그러나 여기서는 그렇게 말씀하셨다. 여호수아야. 이 기도 모임을 중단해라. 대신에 네 성경을 꺼내라. 그러면 무슨 일이 있었는지 알 것이다. 왜냐고? "이스라엘이 범죄하여 내가 그들에게 명령한 나의 언약을 어겼으며" 어떻게? "그들이 온전히 바친 물건을 가져가고 도둑질하며 속이고 그것을 그들의 물건들 가운데 두었느니라 그러므로 이스라엘 자손들이 그들의 원수 앞에 능히 맞서지 못하고 그 앞에서 돌아섰나니"(수 7:11-12).

그리고 쐐기를 박는 한마디.

"내가 다시는 너희와 함께 있지 아니하리라"(수 7:12).

하나님께서 이 말씀을 당신에게 하시는 것을 상상할 수 있는가? "내가 다시는 너와 함께하지 않겠다."

여호수아는 기도를 멈추고 하나님 말씀으로 상황을 판단하고 문제를 해결해야 했다. 여호수아서 6장에는 아주 명확한 지시가 등장한다. "너희는 온전히 바치고 그 바친 것 중에서 어떤 것이든지 취하여 너희가 이스라엘 진영으로 바치는 것이 되게 하여 고통을 당하게 되지 아니하도록 오직 너희는 그 바친 물건에 손대지 말라"(수 6:18). 그리고 이 말씀에 정면으로 불순종한 사건이 등장한다. "유다 지파 세라의 증손 삽디의 손자 갈미의 아들 아간이 온전히 바친 물건을 가졌"고 그것들을 자기 장막 땅속에 묻어 두었다(수 7:1, 21).

문제는 죄다. 죄는 해결되어야 한다. 해결되기 전에는 세상의 모든 기도가 아무런 차이를 만들지 못할 것이다.

미국 침례교 설교자인 알 마틴(Al Martin) 박사는 한 지역 교회 목사의 이야기를 자주 들려주었다. 나이 든 교인 한 분이 매주 교회 기도 모임에 나와 열정적으로 기도했다. "오 주님, 이 거미 같은 죄가 거미줄을 짜고 있습니다. 거미줄을 짜고 앉았습니다, 오 주님. 이 거미줄을 끊어 주소서. 이 거미줄을 끊어 주소서." 노인은 모임에 와서 매주 동일한 기도를 드렸다. 어느 날 저녁 이 노인이 여느 때처럼 기도하고 있을 때 교회 목사가 기도를 끊고 소리쳤다. "아니요, 주님! 거미를 죽여 주소서!"

거미를 죽이라. 죄를 죽이라. 죽이기 전에는 세상의 모든 기도가 아무런 차이를 만들지 못할 것이다.

개인적인 이야기를 하겠다. 나는 영국 성공회 소속이며, 우리 지도자들은 기도하라고 항상 종용한다. 그러나 그들은 성 윤리에 관한 한 하나님의 말씀으로 우리 교단의 상황을 판단하려 들지 않을 것이다. 그들은 성관계는 결혼한 남자와 여자 사이에서만 가능하고, 하나님께 영광을 돌릴 수 있는 그 외의 선택은 독신이라고 말하지 않을 것이다. 그리고 이 문제는 서구 문화와 성경이 갈수록 대립되고 있기에 매우 중요하다. 이것은 우리 시대에 '가이사'에게 무릎 꿇도록 가장 압력을 받는 영역 중 하나이며, 따라서 우리가 굴복하고, 흐름에 떠내려가며, 고개를 숙이고, 진리를 타협할 가능성이 가장 높은 영역이다.

영국 교회 내에서 기도가 끊임없이 이어지고 있지만, 이 영역에서 말씀에 완전히 불순종하는 일 역시 되풀이되고 있다. 우리는 기도회로 모이지만, 사람들에게 죄를 회개하라고 하지는 않을 것이다. 이 이유로 나는 캔터베리 대주교의 전도 분과(Commission on Evangelism)에서 사임해야 한다고 느꼈다. 대주교가 임명한 부(副)분과장은 동성 커플에게 회개하라고 말하기를 거부했다. 전도는 신실함의 세부 사항이므로, 순종이 동반하지 않은 전도는 우리가 선포하는 주님께 신실한 것이 아니다. 그래서 나는 이렇게 말하며 사임했다. "당신은 사람들에게 회개해야 한다고 말하지 않으면서 기도회는 계속합니다. 이 일에 어떻게 성령이 우리와 함께하시길 바랍니까?"

당신을 찾아낼 것이다

아간의 일을 잠시 살펴보자. 그는 여리고성 함락 당시 최전선에 있었다. 벽이 무너지는 것을 보았고 성으로 진입했다.

내 친구 중에 참전 경험이 있는 군인이 있다. 그의 말에 따르면 격렬하고 혼란스러운 전투 한가운데 있을 때 모든 것이 정지된 듯 보이는 극도로 고립된 순간들이 있다고 한다. 한번 상상해보자. 아간이 동료 이스라엘 전사들과 함께 거리를 돌진하다가 길을 돌이켜 어떤 집으로 들어가 그곳을 치운다. 응접실의 고요한 고독 속에 혼자 머문다. 아무도 없다. 나중에 그는 여호수아에게 무슨 일이 있었는지 보고한다. "내가 노략한 물건 중에 시날 산의 아름다운 외투 한 벌과 은 이백 세겔과 그 무게가 오십 세겔 되는 금덩이 하나를 보고 탐내어 가졌나이다 보소서 이제 그 물건들을 내 장막 가운데 땅 속에 감추었는데 은은 그 밑에 있나이다"(수 7:21). 거기서 그는, 지금 우리 가치로 따지자면 수만 파운드에 달하는 노략물을 발견한다. 모든 소란에서 잠깐 고립되어 거실에 서 있었을 그때, 그가 혼잣말하는 것을 상상해볼 수 있다. 아무도 모를 거야. 아무도 보지 못했어. 이 모든 비단을 전부 태워 버린다고? 너무 낭비잖아! 하나님의 뜻이 그럴 리가 없어. 싸움에서 이겼는데 전리품은 당연하잖아. 그는 보았고, 원했고, 가졌다.

왜일까? 그 순간 그는 이스라엘의 하나님이 아니라 우상을 섬기고 있었기 때문이다. 그 앞에 놓인 것은 재정적 안정을 가져다줄 수단이었다. 그는 지난 세월 아무것도 없이 광야를 떠돌았다. 이제, 느닷없이, 여기 약속의 땅에서 살 수 있는 기회뿐 아니라 잘살 수 있는 기회가 생긴 것이다. 우리 식으로 말하자면, 아파트 대출금이나 해외여행 경비, 대학 학자금, 노후 연금을 지불할 수 있고, 게다가 이 모든 것을 이루면 사회적 위치와 존경까지 얻을 수 있었던 것이다. 그의 마음은 꿈과 악몽—부를 향한 꿈과 궁핍을 두려워하는 악몽—에 사로잡혔다.

그는 아마 알아차리지 못했을 것이다. 스스로에게 이렇게 물어보지 않았을 것이다. "내가 없으면 살 수 없다고 생각하는 건 뭐지? 내가 얻거나 유지하기 위해 모든 위험을 감수할 수 있는 건 뭐지? 내가 나의 신으로 숭배할 위험이 있는 건 뭐지?" 그래서 유혹의 순간에 그는 철저히 연약했다. 그리고 죄를 지었다. 그가 그날 밤 어둠을 틈타 여리고로 슬금슬금 들어가 낮에 들어갔던 집을 찾아 보화를 모두 챙기고, 쿵쾅거리는 가슴을 부여잡고 쥐도 새도 모르게 이스라엘 진영의 자기 장막으로 돌아가 보물을 아내에게 보여 주고 아이들을 깨워 침대 아래 묻은 후 몰려오는 기쁨과 안도감을 만끽하는 모습을 상상하기란 어렵지 않다. 아마 그는 아내에게 팔을 두르고 이렇게 말했을 것이다. 우리가 해냈어. 우린 성공한 거야.

그리고 이틀 뒤 아간은 아이성 전투에서 하루를 면제받았다고 상상해보자. 옆 장막의 친구는 전투에 참여해야 했다. 두 가족은 친구였다. 아간의 친구는 아내에게 점심 먹으러 집에 오겠다며 작별을 고한다. 고작 아이성이니까! 하나님께서 함께 하실 것이니 아이들에게는 작별의 입맞춤도 하지 않고 떠난다. 그리고 그날 늦게 사람들이 그의 시신을 거두어 돌아온다.

그리고 나서 아간은 분명 진영 안의 다른 이들과 마찬가지로 그 두려운 말을 들었을 것이다. "이스라엘아 너희 가운데에 온전히 바친 물건이 있나니 너희가 그 온전히 바친 물건을 너희 가운데에서 제하기까지는 네 원수들 앞에 능히 맞서지 못하리라"(수 7:13). 여호수아는 사람들에게 어떻게 범인을 가려낼지 설명한다. 이튿날 하나님은 그의 지파를, 그리고 그의 족속을, 그리고 그의 가족을, 그리고 그를 가려내실 것이다. 하나님은 범인을 찾아내실 것이다. 하지만 그에게 어느 정도 시간을 주실 것이다. 아간에게는 그의 정체가 드러나기까지 하룻밤이 주어졌다.

아간은 어떻게 할까? 민수기 말씀을 기억할까? "너희 죄가 반드시 너희를 찾아낼 줄 알라"(민 32:23). 시편에 그처럼 시적으로 쓰인 진리를 기억할까? "나의 모든 길과 내가 눕는 것을 살

펴 보셨으므로 나의 모든 행위를 익히 아시오니"(시 139:3). 밤새도록 아간은 그로부터 2천여 년이 지난 후 존 번연이 결단의 골짜기(Valley of Decision)라고 칭한 곳에 있었다. 그는 광야에서 하나님의 능력과 선하심을 목도했다. 하나님께서 백성에게 매일 만나와 메추라기를 공급하시는 것을 보았다. 하나님의 능력으로 요단강이 말라 백성이 강바닥을 걸어서 건너는 것을 보았다. 고작 72시간 전에 그는 여리고성 주위를 일곱 번 돌았고, 소리쳤고, 하나님께서 그 성벽을 무너뜨리시는 것을 보았다.

이제 그는 어떻게 할까? 자기 죄를 고백하고 겸손하게 자비를 구할까? 아니면 어떻게든 이 상황을 빠져나가려 할까?

그는 하나님에 대해 알게 된 모든 것에 그의 마음을 닫아 버렸다. 하나님께서 알아채지 못하시리라는 데 자신의 희망을 걸기로 했다. 어쩌면 아내에게 이렇게 말했을지도 모른다. 아무도 못 봤어. 아무도 몰라. 이거 그냥 넘어갈 수 있어. 아마 괜찮을 거야. 아침이 오자 그는 그의 지파, 그의 족속, 그의 가족과 나란히 선다.

복음 전도자인 내 친구 그레이엄 대니얼스(Graham Daniels)는 그가 언젠가 잉글랜드 남부의 한 학교로 예수님에 관해 강연하러 갔던 이야기를 해주었다. 그는 모임이 시작되기 전 교장실 밖에서 교장을 만나기 위해 기다리고 있었다. 그 옆에는 안절부절못하는 사내아이 한 명이 앉아 있었다. 그레이엄이 물었다. "무슨 문제 있니?" 아이가 말했다.

"네, 어제 수업 끝나는 종이 울렸을 때 누가 벽에서 소화기를 꺼내 사방에 뿌리고 다녔어요."

그러자 그레이엄은 아이가 아주 긴장한 채로 교장실 밖에 서 있는 것을 보고 물었다. "그렇구나. 네가 그랬니?" 그러자 아이가 말했다. "저도 몰라요."

모른다고! 그가 한 것이 분명했다. 단지 그는 교장실 밖에 앉아 교장 선생님에게 거짓말을 할지 말지 결정하는 중이었던 것이다(그레이엄이 나중에 알고 보니 그 아이는 소화기를 학교의 1/3에 뿌리고 다녔고, 교감 선생님이 그 모습을 보았다. 안타깝게도 그레이엄은 아이가 교장 선생님에게 "저도 몰라요." 카드를 들이밀었는지, 허세를 부리려는 어떤 시도를 했는지 알아내지 못했다). 여기서 아간은 허세를 부리려고 시도한다. 맙소사.

다음 날 아침, 아간이 유다 지파의 나머지 사람들과 줄을 섰을 때 그의 아드레날린이 솟구치는 것을 상상할 수 있는가? 첫 번째 제비뽑기의 결과는…

"유다 지파!"

나머지 지파는 다 뒤로 물러선다. 이제 아간은 긴장하기 시작한다. 등줄기로 땀이 흘러내리는 것이 느껴진다.
제비뽑기는 계속된다.

"세라 족속!"

아간은 아내가 흐느끼는 소리를 듣는다. 그녀가 아기를 가슴에 꼭 끌어안는다.
제비뽑기는 계속된다.

"삽디 가족!"

이제 아간은 제대로 서 있을 수조차 없다.
제비뽑기는 계속된다.

"아간!"

기억하라. 당신의 죄가 당신을 찾아낼 것이다.

마침내 아간이 죄를 자백한다. 선택의 여지가 없으니 말이다. 사람들이 하나님께 바쳐진 물건들을 그의 장막 안에서 찾아내 모두 들고 나온다. 아간과 그의 가족이 훔친 것들과 함께 아골 골짜기로 이동한다. 이어서 아간에게, 아마도 새롭게 판 36개의 구덩이를 가리키며 "여호수아가 이르되 네가 어찌하여 우리를 괴롭게 하였느냐 여호와께서 오늘 너를 괴롭게 하시리라 하니 온 이스라엘이 그를 돌로 치고 물건들도 돌로 치고 불사르고 그 위에 돌 무더기를 크게 쌓았더니 오늘까지 있더라"(수 7:25). 이 장면을 읽을 때면 나는 내 아내와 두 아들과 딸을 생각한다. 그리고 그들이 이렇게 말하는 것을 상상한다. "아빠, 아빠의 죄가 무슨 일을 벌인 거예요? 아빠의 죄가 우리에게 어떤 일을 저지른 거예요? 아빠, 대체 무슨 일을 한 거예요?"

당신의 죄가 반드시 당신을 찾아낼 것이다.

당신의 죄가 문제다

이제 당신 창자를 쪼아 먹는 독수리가 느껴지길 바란다. 나는 느껴진다. 왜냐하면 하나님은 그분의 백성 가운데 있는 죄를 그때와 마찬가지로 오늘날에도 심각하게 여기시기 때문이다. 그러니 당신의 죄는 중요하다. 죄가 문제인 첫 번째 이유는 죄가 간음이기 때문이다. "이스라엘 자손들이 온전히 바친 물건으로 말미암아 범죄하였으니(unfaithful)³⁾"(수 7:1). 죄는 우리를 창조하시고 구원하시고 우리 안에 내재하시고 언젠가 그분 앞에서 우리를 영화롭게 하실 하나님을 영적으로 속이는 것이다. 이것이 우리를 향한 그분의 사랑의 척도다. 우리가 그분이 우리를 구원해주신 세상처럼 생각하고 행동하는 모든 것은 우리의 성생활(혹은 성적 생각)이든, 우리 소유가 아닌 것을 탐내고 빼앗는 것이든, 그분의 영광이 아닌 우리의 위대함을 들먹이기 위해 사역을 이용하는 것이든, 그 무엇이든 간음이다. 그래서 야고보가 그리스도인들에게 "간음하는 사람들이여,"라고 부르며 "세상과 벗함이 하나님과 등지는 일임을 알지 못합니까? 누구든지 세상의 친구가 되려고 하는 사람은 하나님의 원수가 되는 것입니다."라고 설명한 것이다(약 4:4, 새번역 성경).

  샘 앨버리(Sam Allberry)가 아주 잘 표현했다.

---

3) 개역개정 성경에서 '범죄하였으니'라고 번역된 부분이 저자가 인용한 NIV 성경에서는 '신실하지 못하였으므로(unfaithful)'로 번역되어 있다. 영어에서 'unfaithful'은 배우자에게 부정(不貞)함, 외도를 나타내는 말이다. 책 전체에 걸쳐 사용되는 '신실하지 못하다'는 표현을 이 맥락에서 본다면 저자의 의도를 더 잘 이해할 수 있을 것이다.—옮긴이 주

"우리는 남편이나 아내가 배우자의 불륜 현장을 발견할 때의 공포감을 생각해야 한다. 야고보는 이런 끔찍한 행동이야말로 그리스도인들이 하나님께 등 돌렸을 때 하는 행동을 적절하게 묘사한다고 말한다. … 그리스도인들이 세상의 가치를 따르는 것은 하나님께 바람을 피우는 것이다. 하나님은 [이 일을] 개인적으로, 마치 예전에 아내의 삶에 개입해 불량배와의 끔찍한 관계 속에서 구출해 낸 아내가 다시 그 불량배와 침대에 누워 있는 것을 발견한 남편처럼 받아들이신다. 이런 남편에게는 화낼 권리가 있다. 그리고 야고보는 하나님께 신실하지 못한 것은 그분을 원수로 만드는 것임을 분명히 한다." (『당신을 위한 야고보서』[James For You], 109쪽)

어떤 목사님이 불륜을 저지르고 있다고 고백한 한 여인의 이야기를 들려준 적이 있다. 그녀는 그 목사님에게 자기 집에서 간음을 저지를 때마다 남편과 눈이 마주치지 않기 위해 남편 사진을 엎어 놓았노라고 말했다. 물론 그냥 사진에 불과했다. 하지만 그녀는 남편의 시선이 자신의 삶의 영역에 닿길 원하지 않았다. 그녀는 남편이 자신을 보지 않기를, 이를테면 자신이 애인을 부부의 침대로 데려가는 것을 남편이 보지 않기를 바란

것이다.

내가 죄지을 때, 나는 마치 내 삶의 이 영역만큼은 하나님이 보시지 못하도록 그분을 엎어 놓을 수 있는 것처럼 행동한다. 이것은 본질적으로 아간이 스스로 믿고자 했던 것이기도 하다. 그는 자기 삶에 구획을 지어 단지 한 구역만 죄가 다스릴 수 있도록 내버려 두었다. 마치 그 구역은 하나님으로부터 숨길 수 있을 것처럼 말이다. 나는 그가 여전히 종교 행사에 참여하려 했을 것이라고, 여전히 하나님의 백성 가운데 있으려 했을 것이라고 확신한다. 그는 단지 자기 재산은 자기 것으로 여기고, 본인이 보기에 적당한 대로 모으고 쓰기로 결정한 것이다.

죄로 넘어진 목사들을 살펴보라. 그러면 대개 그들이 자기 삶의 한 구역에 대해 하나님께서 말씀하시지 못하게 했음을 발견할 것이다. 그리고 그 구역은 너무나 다양하다. 무대 뒤에 있을 때 우리 모습은 무대 위에 있을 때 우리 모습과 다르지 않아야 한다.

내가 죄지을 때, 나는 사실상 하나님께서 보시지 못한다고 믿는 셈이다. 또는 사실상 내가 영적 간음을 저지르고 있다는 현실을 무시하는 셈이다. 그러나 하나님은 내 모든 것을 보신다. 그리고 내 죄를 있는 그대로 짚어 내신다. 당신의 간음이 반드시 당신을 찾아낼 것이다. 하나님의 영광이 아닌 나 자신의 영광을 위해 살려는 유혹을 받을 때마다 그것이 영적 간음이라는 사실을 기억한다면 훨씬 더 성공적으로 그 유혹을 이겨 낼 수 있으리라 생각한다.

이것은 그들에게도 문제다

두 번째로 죄가 문제인 이유는 죄는 공동체적이기 때문이다. "**이스라엘 자손들이** 온전히 바친 물건으로 말미암아 범죄하였으니 이는 유다 지파 세라의 증손 삽디의 손자 갈미의 아들 아간이…"(수 7:1, 지은이의 강조). 아간이 죄를 지었지만 하나님은 아간만 범죄했다고 정죄하시지 않았다. 이스라엘이 죄를 범죄했다고 판단하셨다. 아간이 금과 은과 아름다운 비단을 훔쳤으나 "**이스라엘 자손들이** … **범죄**"했다. 이 장의 전반부 내내 하나님은 이스라엘 민족 전체를 지목하신다. "**그들이** 온전히 바친 물건을 가져가고 도둑질하며 속이고 그것을 그들의 물건들 가운데에 두었느니라 그러므로 **이스라엘 자손들이** 그들의 원수 앞에 능히 맞서지 못하고"(수 7:11-12, 지은이의 강조). 죄는 공동체적이다. 그리고 어느 정도는 심판도 그러하다. 아간, 혹은 아간과 그의 아내에게만 하나님의 진노가 임한 것이 아니었다. 온 가족에게 임했다. 그리고 만약 아간의 죄를 올바로 처리하지 못했더라면 온 이스라엘이 그 대상이 되었을 것이다. 고도로 개인화된 사회에 사는 우리로서는 너무나 이해하기 힘든 부분이다. 수많은 가족 단위가 해체됐거나 떨어져 살고 있다. 그럼에도 아간의 죄가 이스라엘 공동체 전체에 말할 수 없는 영향을 미쳤다는 사실을 생각해볼 필요가 있다. 그의 가족 36명이 이 진노의 결과로 죽임당했다. 여호수아는 나중에 이렇게 회상한다. "세라의 아들 아간이 온전히 바친 물건에 대하여 범죄하므로 이스라엘 온 회중에 진노가 임하지 아니하였느냐 그의 죄악으로 멸망한 자가 그 한 사람만이 아니었느니라"(수 22:20).

하나님은 죄 가운데 거하지 않으신다. 하나님께서 죄가 제재당하지 않고 해결되지 않은 상태에서 그분 백성에게 복 주시리라 기대할 수 없다. 그래서 그분의 임재를 백성에게서 거두셨던 것이다.

17세기의 시인 존 던(John Donne)은 아주 유명한 말을 남겼다. "어느 누구도 그 자체로 섬이 아니다. 모두 대륙의 한 조각이며, 본토의 한 부분이다." 이 원리는 성경 전체에 면면히 흐른다. 이것이 문제다. 죄는 전염성이 있다. 이는 방사선과 같다.

거짓 가르침과 같이 종양처럼 퍼진다. 내 죄는 당신에게 영향을 미치고 당신의 죄는 내게 영향을 미친다. 바울은 성적 부도덕을 용인하고 심지어 그 관용을 자랑스러워한 교회에 이렇게 말한다. "적은 누룩이 온 덩어리에 퍼지는 것을 알지 못하느냐 … 묵은 누룩을 내버리라"(고전 5:6-7).

여호수아 시대의 이스라엘과 달리 우리는 하나님의 백성으로서 예수님이 미워하시는 것들을 파괴하라거나 예수님께 불순종한 이들에게 돌을 던지라는 명령을 받지는 않는다. 예수님은 그분이 합당하다고 생각하시는 때에 하나님의 심판을 부으실 것이다. 또한 사역과 선교에서 실패를 경험할 때마다 그 이유로 유일하게 회개하지 않은 죄로 생각해서도 안 된다. 그럼에도 성경은 죄의 존재를 묵인하거나 핑계하거나 무시하는 이들에게 하나님이 임재하시지 않는다는 사실을 명확히 한다.

그래서 요한계시록에서 예수님은 교회들에게 그분이 미워하는 것들을 묵인하지 말라고 경고하신다. 그렇지 않으면 세상의 빛이신 예수님께서 오셔서 그분의 '촛대'를 옮기실 것이다. 즉, 그분의 임재를 거두시므로 그 빛이 그들에게 비치지도, 그들을 통해 비치지도 않을 것이다. 에베소 교회에 쓴 편지에서 주님은 그들에게 경고하신다. "그러므로 어디서 떨어졌는지를 생각하고 회개하여 처음 행위를 가지라 만일 그리하지 아니하고 회개하지 아니하면 내가 네게 가서 네 촛대를 그 자리에서 옮기리라"(계 2:5). 예수님은 그들이 수고하고, 인내하고, 믿음을 위해 견디고, 어떤 죄들에 맞서고 있음에도 이렇게 경고하셨다(계 2:2-3, 6). 버가모 교인들에게는 하늘의 주님께서 이렇게 말씀하신다. "거기 네게 발람의 교훈을 지키는 자들이 있도다 … 행음하게 하였느니라 … 그러므로 회개하라 그리하지 아니하면 내가 네게 속히 가서 내 입의 검으로 그들과 싸우리라"(계 2:14, 16). 두아디라 교회에게는 이렇게 말씀하신다. "네게 책망할 일이 있노라 … 여자 이세벨을 네가 용납함이니 그가 내 종들을 가르쳐 꾀어 행음하게 하고 우상의 제물을 먹게 하는도다 또 내가 그에게 회개할 기회를 주었으되 자기의 음행을 회개하고자 하지 아니하는도다 볼지어다 내가 그를 침상에 던질 터이요 또 그와 더불어 간음하는 자들도 만일 그의 행위를 회개하지 아니하면 큰 환난 가운데에 던지고 … 모든 교회가 나는 사람의 뜻과 마음을 살피는 자인 줄 알지라"(계 2:20-23). 이 교회 대부분의 문제는 이런 죄에 깊이 잠겼거나 죄를 부정한 것이 아니라 용인했다는 것이다. 이것이 죄의 심각성이다. 너무 심각해서 한 번 눈짓하거나 은근슬쩍 넘어가는 것조차 죄가 된다.

경고는 이것이다. 우리가 우리 죄를 있는 그대로 명명하고 그에 따라 대처하지 않으면 성령을 소멸할 것이다. 핸들리 모울(Handley Moule) 주교는 언젠가 이렇게 경고했다. "모든 이단의 중심에는 죄에 대한 부적절한 견해가 있다." 당신의 죄는 당신에게뿐 아니라 당신의 교회 전체에 중요하다. 당신의 죄가 당신에게는 개인적일지 모르지만 하나님께는 개인적이지 않으며, 그 죄는 당신의 가족과 당신의 교회 전체에 영향을 미친다. 만약 죄를 해결하지 않았다면, 예수님께서 여러분을 책망하시더라도 놀라지 말라. 가장 작은 영적 목표도 여러분에게는 불가능해지리라는 것에 놀라지 말라.

얼마 전에 나는 한 교회의 전도 계획에 참여했지만, 그 열매를 맺지 못했다. 이렇게 생각했던 기억이 난다. "주님, 신앙을 고백하는 사람이 정말 적습니다. 너무 힘들 것 같습니다." 그러던 중 스태프 한 명이 교회에서 쓰러져서 병원으로 실려 갔다. 그가 성병을 앓고 있다는 것이 밝혀졌고, 나중에는 그가 매춘업소와 마사지업소를 방문했다는 것이 드러났다. 이 사실이 드러난 것은, 그의 동거인에게 알리지 않으면 의료진이 그를 퇴원시키지 않기 때문이었다. 동거인이 와서 이 사실을 목사들에게 알렸다. 그때 교회 스태프 중 한 명이었던 그 남자는 대체 무슨 일이 있었느냐는 질문에 이렇게 답했다. "여러분과는 아무 상관 없어요. 내 사적인 시간이고, 사적인 생활입니다." 하지만 진실은 교회와 모든 것이 연관된다는 것이다. 죄는 공동체적이기 때문이다. 그리고 이것이 빌리 그레이엄이 선교 사역을 시작하기 전, 그의 팀이 감추고 고백하지 않고 회개하지 않은 죄의 위험을 분명히 인식하게 한 이유다. 죄는 간음이고, 죄는 공동체적이기 때문이다.

자, 당신의 장막 아래에는 무엇이 감추어져 있는가? 일종의 성적 부도덕? 아간의 경우와 같은, 탐욕이 이끄는 죄? 당신의 죄는 당신의 가족과 교회에 영향을 미친다. 교회의 건강은 강단의 건강에 달려 있다. 당신의 죄가 반드시 당신을 찾아낼 것이다. 무엇을 숨기고 있는가? 그것으로 무엇을 하려는가?

지금 당신의 창자 속을 날며 쪼아 대는 독수리가 느껴지길 바란다.

하나님께 허풍 떨지 말라

우리에게 문제는 우리가 죄를 짓느냐가 아니다. 우리는 죄를 짓는다. 우리가 목사일 수 있지만 완벽한 자들은 아니다. 문제는, 그래서 어떻게 할 것인가다.

먼저, 하나님 앞에서 허풍 떨지 말라. 고백하라. 요한일서 1장 8-9절이 사실인 것처럼 행하라. 이는 당신에게 해당되는 만큼이나 당신의 교회에도 해당되는 진리다(더 와닿도록 직접적 표현으로 바꾸었다).

"만일 당신이 죄가 없다고 말하면 스스로 속이는 것이고 또 진리가 당신 속에 있지 않은 것이다. 만일 당신이 당신의 죄를 자백하면 하나님은 미쁘시고 의로우셔서 당신의 죄를 사하시고 당신을 모든 불의에서 깨끗하게 하실 것이다."

교인들은 그들의 리더가 회개하지 않는다면 거의 회개하기 힘들다. 목사이자 신학자인 잭 밀러(Jack Miller)는 이 유명한 말을 남겼다. "만약 목사가 가장 앞서 회개하는 자가 아니라면, 복음은 혹시라도 있을지 모르는 이론적 죄인들을 위한 이론적 죄 문제에 대한 이론적 해결책이 된다."

하나님께 허풍 떨지 말라. 그분 앞에서 회개하라. 다른 누군가에게 죄를 지었다면 그들에게 가서 회개하라. 만약 공적으로 죄를 지었다면 공적으로 회개하라. 이는 단서 조항이나 변명

없이 잘못했다고 말해야 한다는 뜻이다. 만약 당신의 교회나 조직이 공동체적으로 죄를 지었다면, 다시 말하지만, 공적으로 온전히 잘못을 인정하라. 펜실베이니아주 랭커스터 바이블 칼리지(Lancaster Bible College)의 교사 웨이드 멀런(Wade Mullen)은 잘못된 행위가 드러났을 때 기관들이 어떻게 대응하는지 많은 연구를 해왔는데, 그 내용이 여기서 도움이 된다. 그는 사실상 사과가 아닌 사과의 여러 형태를 분류했다. 비난하는 형태("그렇게 느끼셨다니 죄송하네요."라는 식으로 사과가 사실은 불필요한 상황임을 암시하는 것), 달래는 형태(그래야만 자신에게 유리하기 때문), 변명하고 합리화하고 자기 피력하는 형태(계속해서 사람들, 심지어 피해자들로부터도 지지를 구하려는 것), 동정을 불러일으키는 형태("모두에게 다 힘든 시기입니다." 혹은 "우리도 피해자입니다.") 등이다. 아마도 우리는 마음으로, 입술로 제대로 사과하는 법을 배워야 할 것 같다. 멀런은 또 하나님과 사람 앞에서 진정한 회개가 어떠해야 하는지를 보여 준다. 진정한 회개는 항복하고(자기 방어를 포기해야 한다), 고백하고(잘못을 밝혀야 한다), 인정하고(책임을 지고 결과를 인정해야 한다), 인식하고(잘못이 야기한 피해를 명확히 해야 한다), 공감하는 것(자기 행위의 무게를 느껴야 한다)을 요청한다. 그리고 나서 "그 깨어진 항복, 고백, 인정, 인식, 공감의 자리에서 '정말 미안합니다.'가 나올지도 모른다."

(wadetmullen.com/what-ive-observed-when-institutions-try-to-apologize-and-how-they-can-do-better/, 2021.2.1.에 접속)

당신은 하나님 앞에서 허풍 떨 수 없다. 대부분의 경우 당신은 사람들 앞에서도 허풍 떨 수 없다. 그들은 보통 회개가 진짜일 때와 진짜가 아닐 때를 안다. 하나님은 **항상** 아신다.

그는 당신의 죄 때문에 깨어지셨다

아간은 자신의 죄 때문에 죽었지만 당신은 그럴 필요가 없다. 우리가 죄와 마주하고 그 죄를 변명하거나 숨기는 것을 멈출 때 할 수 있는 일이 두 가지 있다. 하나는 쓰러져 바닥에 엎드러지는 것이다. 또 하나는 우리가 쓰러졌지만 하나님께서 우리를 일으키시고, 용서하시고, 다시 싸울 수 있게 해주시는 것이다. 아간은 진영 밖으로 끌려 나가 돌에 맞았지만, 당신의 죄를 위해서는 놀랍게도 주 예수님이 죽으셨다.

예수님께서 진영 밖으로 끌려 나가 당신 대신 죽으셨다. 아간의 모든 죄, 그가 하나님으로부터 훔친 모든 보물이 드러났다. 그리고 성경은 이것이 우리에게도 해당되는 진실이라고 말한다. "감추인 것이 드러나지 않을 것이 없고 숨긴 것이 알려지지 않을 것이 없나니"(눅 12:2). 우리 중 어떤 이들은 다른 이들에게, 심지어 자기 자신에게도 죄를 숨기는 데 매우 능숙하다. 그러나 하나님은 모두 보신다. 그리고 우리는 그분께 해명해야 한다. 우리 죄는 하나님 앞에 드러났다. 그리고 하나님의 아들이 그것 때문에 깨어지셨다. 예수님은 당신의 죄 때문에 찔리셨다. 당신의 죄 때문에 깨어지셨다. 당신에게 화평을 가져다준 그 진노가 그분께 부어졌다. 그분이 상처받으심으로 우리가 나음을 입었다. 십자가의 용서는 다함이 없으니 당신의 죄를 고백하라. 만약 당신이, 누가복음 15장의 탕자 이야기의 표현대로 돼지우리에 있다면 그 사실을 인정하라. 다시 집으로 돌아와야 한다는 사실을 인정하고 겸손히 하나님께 돌아와 아버지의 품에 안기라.

만약 결혼했다면 아내에게 말해야 할 수도 있다. 그녀에게 죄를 고백하고 용서를 구하고 도와달라고 요청하라. 한 사람의 사역의 질은 일반적으로 그 아내의 얼굴에 드러난다. 당신의 아내에게 필요한 남편은 완벽을 가장하는 남편이 아니다(현실을 직시하자. 그녀는 이미 당신이 완벽하지 않음을 알고 있다). 당신의 아내에게는 죄를 회개하는 남편이 필요하다.

죄를 고백하고 용서를 구하고 거미를 죽이라. 죄에서 도망치

라. 죄와 싸우라. 가차 없어야 한다. "만일 네 손이 너를 범죄하게 하거든 찍어버리라 장애인으로 영생에 들어가는 것이 두 손을 가지고 지옥 곧 꺼지지 않는 불에 들어가는 것보다 나으니라"(막 9:43).

자, 당신의 장막 안에 무엇이 있는가? 용서와 회복을 위해 빛 가운데로 가지고 나와야 할 것은 무엇인가? 당신 창자 속의 독수리는 무엇 때문에 발톱을 세워 할퀴고 있는가? 그것은 사실 독수리가 아니다. 성령이시다. 성령은 우리가 회복되도록, 그리고 정직과 순종이 바탕이 되는 사역을 계속할 수 있도록 우리의 죄를 깨닫게 하신다. 당신의 장막 안에 무엇이 있는가? 아간을 기억하라. 예수님께서 요한계시록의 교회들에게 하신 경고를 진지하게 받아들이라. 지금 당장 그 문제를 다루라. 사탄이 이때 하는 가장 큰 거짓말은 "오늘 당장 회개할 필요는 없어."와 "오늘 회개하더라도 넌 가망 없어."다. 하나님께 허풍 떨려고 하지 말라. 죄는 고백해야 하고, 용서받아야 하고, 반드시 싸워 이겨야 한다. 새로 시작하기 위해 예수님께 나아오라.

3장

자기를 이끌라

당신 자신을 잘 이끌 수 없다면 다른 사람을 이끌 수 없다.

몇 해 전 나는 이튼 칼리지(Eton College)에서 복음에 대해 일련의 강연을 한 적이 있다. 이튼 칼리지는 엘리트('비싼'이라고 읽으라) 기숙학교로, 영국의 역대 수상 55명 중 20명을 배출한 곳이다. 어느 점심시간에 나는 13살짜리 아이 맞은편에 앉았다. 함께 이야기하다 내가 물었다. "이튼과 여기 리더들은 어때? 너희에게 어떻게 리더가 되라고 가르쳐?"

그 아이는 감자를 한입 쑤셔 넣고 잠깐 생각하더니 말했다.

"글쎄요, 전 여기에 한 학기 반밖에 안 있었는데요. 그렇지만 제 생각을 말씀드릴 순 있어요. 제가 이미 아는 것은, 내가 해야 할 일을 하지 않으면, 내가 그 일을 해야 할 때 그냥 뒤처지고, 그러고 나면 힘들어진다는 거예요.

그래서 저는 스스로를 이끄는 법을 배우고 있는 것 같아요. 일단 그걸 배우면 다른 사람을 이끌 수 있을 거라고 생각해요."

내 생각에 이 13살짜리는 내가 해결하는 데 수십 년이 걸린 것을 파악한 것 같다(아마 그래서 내가 수상이 못 되는 것 같다). 그리고 그것은 정말 많은 교회 지도자가 결코 배우지 못한 것이다. 어쩌면 우리 중 누구도 이것에 대해 충분히 이야기하지 않아서일지 모른다. 자기 리더십(self-leadership)의 기술은 (아마도 특별히) 하나님의 집을 포함하여, 어떤 조직에서든 성공적인 리더십의 기본이다. 바울은 장로는 "자기 집을 잘 다스려 자녀들로 모든 공손함으로 복종하게 하는 자라야 할지며 (사람이 자기 집을 다스릴 줄 알지 못하면 어찌 하나님의 교회를 돌보리요)"(딤전 3:4-5)라고 말한다. 물론 그렇다. 그리고 우리는 한 걸음 더 나아가야 한다. 우리 자신을 잘 다스릴 수 없다면 우리의 친가족과 교회 가족을 잘 다스릴 수 없을 것이기 때문이다.

달리 말해, 목회적 리더십의 실패를 발견하고 그 밑을 보면, 거기서 자기 리더십의 실패를 보게 될 것이다. 그래서 이 장에서 나는 내가 기준 삼은 자기 리더십의 틀을 제시하려 한다. 나는 난독증이 있어서 리스트보다는 그림으로 보여 주겠다. 이것이 그 틀이다.

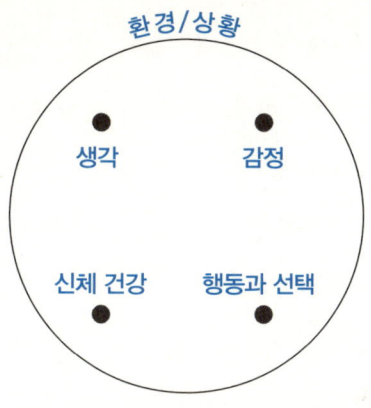

개인적인 교리문답

날마다 내 생각을 처음부터 정돈해야 한다(내 경우엔 "정말 일어나야 하나?"부터). 바울의 말에 따르면, 만약 날마다 나 자신을 "하나님이 기뻐하시는 거룩한 산 제물로" 드리려면 나는 "마음을 새롭게 함으로 변화를" 받아야 한다(롬 12:1–2). 무엇보다 필요한 것은 "경건함에 속한 진리의 지식"(딛 1:1)이다. 그래서 나는 아침마다 매우 의식적으로 내 생각을 정리한다. 핸드폰이나 컴퓨터를 보기 전에 성경을 먼저 본다. 내가 처음 사역을 시작할 때 누군가가 내게 하루의 첫 한 시간이 나머지 시간의 방향타가 된다고 말해주었다. 그래서 나는 조용한 시간에 나만의 작은 교리문답을 거친다.

문: 리코, 하나님께서 널 언제 선택하셨나?

답: 세상이 창조되기 전에. 하나님은 그 앞에서 거룩하고 흠이 없게 하시려고 창세전에 그리스도 안에서 너를 선택하셨다. 그리고 그분은 예수 그리스도로 말미암아 너를 양자 삼으려고 예정하셨다(엡 1:4-5).

문: 리코, 하나님은 너를 어떻게 생각하시나?

답: 그분은 자기 아들 예수를 기뻐하시며 네가 믿음으로 예수와 연합했기에 너를 기뻐하신다. 하나님께서 주신 의가 드러났고, 네게 주어졌다(롬 3:21-22). 너는 죄인이고, 의롭다 여김받았다. 리코, 오늘 그레셤 메이첸(Gresham Machen)이 죽기 전 했던 말을 하라. "예수님의 순종으로 인해 하나님께 감사합니다." 너의 정체성은 그리스도 안에 있다. 다른 사람이 오늘 너를 수용하느냐 거절하느냐가 네 가치가 더 있는지 없는지, 네가 받아들여질 만한지, 사랑받을 만한지를 결정하지 않는다.

문: 리코, 오늘은 왜 좋은 날인가?

답: 오늘은 하나님께서 너를 위해 계획하신 날이기 때문이며,

만약 하나님께서 선하다고 하셨다면 선하기 때문이다. 하나님께서 오늘 네게 주신 것이 무엇이든, 네가 선택한 것이든 네가 확실하게 선택하지 않은 것이든 그분은 그 모든 것으로 선을 이루실 것이다. 네게 좋은 것은 예수님을 더욱 닮는 것이다(롬 8:28-29). 그러니 오늘, 어떻게든, 스스로 그렇게 보이든 아니든, 너는 더욱 구주를 닮아 갈 것이다. 오늘은 좋은 날이다.

문: 리코, 오늘은 왜 어제보다 더 나은 날인가?

답: 본향으로 더 가까이 전진한 날이기 때문이다. 예수님과 대면하여 보기까지 24시간 더 가까워졌다. 네 고난은 그것보다 훨씬 크나큰 영원한 영광으로 가는 길이므로 비록 오늘 힘들어도 너는 결코 절망할 필요가 없다(고후 4:17). 보이는 것이 모든 것이 아니고, 영원히 존재할 것도 아니다. 보지 못하는 것이야말로 영원한 것이고, 믿는 것이 실상이 되는 그날에 하루 더 가까워지고 있다(고후 4:18). "하나님이 자기를 사랑하는 자들을 위하여 예비하신 모든 것은 … 사람의 마음으로 생각하지도 못하였다"(고전 2:9).

이것은 모두 참이다. 이것들은 내 생각의 맨 앞에 서야 한다. 이것이 나이고, 이날이 내가 살아가는 날이다. 이것들이 정돈되면, 나는 섬길 준비가 된다. 내가 복음의 경이로움을 깊이 묵상할 때 내 감정은 내 생각을 따를 것이다.

두 가지 핵심 감정

내가 자신을 살피면서 특별히 신경 쓰는 두 가지 감정이 있다. 바로 '감사'와 '불만'이다. 불만이 하와에게 어떤 영향을 미쳤는지 잊지 말라. 사탄은 하나님께서 원하시는 것이 사실 그녀에게 가장 좋은 것이 아니며, 가장 좋은 것을 그녀에게 주시지 않을 것이라고 하와를 설득했다. **이 열매를 봐.** 사탄은 말했다. **당연히 먹어도 되지. 당연히 가져도 되지. 하나님이 널 정말 사랑하신다면, 허락하셨을 거야.** 하와는 그 열매를 쳐다보았고 그것은 보암직했다. 그리고 그것이 표상하는 독립성과 자기 영광이 그녀의 우상이 되었다. 그래서 하와는 열매를 먹었고, 사랑의 창조주에게 반역했다.

이처럼 불만은 사탄이 정말로 우리를 장악하는 곳이다. 다른 사람의 사역이나 결혼에 불만을 품기가 얼마나 쉬운지. 이곳에서 교회 식구들을 제자로 받아들이고, 이 죄인들을 섬기는 데 불만을 품기가 얼마나 쉬운지. 하나님을 알지도 못하고 존중하지도 않는 주변 사람들이 수월하고, 편안하고, 부유하고, 건강하게 살 때 매일의 사역으로 희생하는 데 불만을 품기가 얼마나 쉬운지. 불만은 시기의 자식이고, 시기는 우상 숭배의 감정이다. 아삽의 말을 따라 하기가 얼마나 쉬운가? "볼지어다 이들은 악인들이라도 항상 평안하고 재물은 더욱 불어나도다 내가 내 마음을 깨끗하게 하며 내 손을 씻어 무죄하다 한 것이 실로 헛되도다"(시 73:12-13).

불만의 치료책은 감사다. 십자가 아래에 있을 때 불만을 느끼기는 어렵다. 그곳에서 하나님의 아들은 당신을 구원하시려는 아버지의 영원한 계획에 순종하여 당신을 위해 생명을 던지셨다. 이로 인해 그리스도께서 당신을 믿음으로 부르셨을 때 성령님께서 그리스도의 희생의 대가를 당신에게 적용시키셨다. 국제복음주의학생회(IFES)의 수장으로 섬겼던 린지 브라운(Lindsay Brown)은 사람들이 어떻게 수십 년간 헌신할 수 있었는지 누군가 물었을 때 이렇게 답했다. "그들은 복음에 관한 두 가지 사실을 믿습니다. 복음은 참되고, 놀랍다는 사실입니다." 만약 우리가 복음이 진리임은 알지만 복음이 얼마나 놀라운지는 잊었다면, 불만이 자라날 공간을 허용한 것이다. 이와 반대로 만약 우리가 이 두 가지 사실을 기억한다면, 감사가 가장 지배적인 감정이 될 것이며 우리 사역을 끌고 나갈 원동력이 될 것이다.

내가 어렸을 때 우리 가족은 아프리카에서 살았다. 거기는 어린이 TV 프로그램이 전혀 없었고, 장난감 가게도 찾기 힘들었다. 아버지는 출장에서 돌아오실 때면 언제나 『아스테릭스』(Asterix)나 『틴틴』(Tintin) 만화책을 가져오시곤 했다. 그러면 나는 그 책들을 집어삼켰다. 그것들을 읽는 동안 나는 완전히 만족했다. 내 보물이었다. 퇴비 더미 위에 앉아서 읽어야 했더라도 즐거워했을 것이다.

복음은 당신에게 보물인가? 아니면 당신에게서 복음의 놀라움이 사라지기 시작했는가? 주일마다 설교하다 보니 그 경이로움이 빛바래기 시작했는가?

당신은 복음의 진리를 기억하는 만큼, 그리고 당신의 죄를 깨달은 만큼 복음을 귀하게 여길 것이다. 19세기 영국 케임브리지에서 목회했던 설교자 찰스 시미언은 '아래로 자람'(growing downwards)에 대해 말했다. 내가 감사하는 사람이 되려면, 나는 기꺼이 내 죄를 보아야 한다. 내 죄를 생각하고 하나님의 은혜를 붙들 때 나를 용서하시는 그분의 선하심을 그저 믿을 수 없기 때문이다. 그렇기에 우리가 용서받았다는 것을 알면 알수록 우리는 주님을 더욱 사랑하게 된다(눅 7:47). 그리고 당신이 용서받은 죄인이라는 것을 아는 감정적 표지가 바로 기쁨, 감사의 기쁨이다. 내 죄와 복음을 명확하게 볼 때 주님의 기쁨이 참으로 내 힘이 된다(느 8:10). 이제 나는 섬길 준비가 된다. 섬겨야 하기 때문이 아니라 섬길 수 있게 되었기 때문이다.

이렇게 순환된다. 죄, 은혜, 기쁨, 섬김. 당신은 문제에 뛰어들지 않으면서 샛길로 나갈 수 없다. 막 일어나 교회에 가서 섬기려 할 때 우리는 매우 빠르게 불만에 빠져들 것이다. 그리고 불만을 품고 행동할 때 우리는 곧 반역하게 될 것이다. 그러니 복음이, 그 진리뿐 아니라 경이로움까지 당신의 생각 속에 자리 잡고 당신의 감정을 이끌 수 있도록 하라.

이는 쉽지 않다. 두 가지 이유가 있다. 첫째, 당신의 환경 때문이다. 이 점은 나중에 다뤄 보자. 둘째, 우리 대부분, 어쩌면 우리 모두에게 삶이 형성되는 시기에 비복음적인 토양에서 자라난 감정이 깊이 뿌리박혀 있기 때문이다. 내 경우, 내가 다닌 학교의 특성과 십 대 때까지 구원받지 못한 것의 영향으로, 스스로에게 다음 세 가지가 진리라고 주입했다. 첫째, 너는 부족해. 둘째, 너 자신을 증명해. 셋째, 세상은 위험해. 이것이 나와 나를 둘러싼 세상에 대해 내가 기본적으로 지닌 견해임을 기억해야 하며, 이 견해에 복음으로 맞서야 한다.

"리코, 너는 네가 부족하다는 말을 들어왔지. 그건 사실이야. 하지만 괜찮아. 왜냐하면 그리스도께서 그 사실을 알고 계시고, 그분은 여전히 널 위해 죽으셨기 때문이야. 그분의 눈에 네 가치는 네 선함이나 부족함에 있지 않아."

"리코, 너는 자신을 증명하라는 말을 들어 왔지. 하지만 그럴 필요 없어. 왜냐하면 예수님께서 네게 그분의 의를 주셨기 때문이지. 네가 그분의 사랑을 얻을 가치가 있다고 증명하기 위해 오늘 네 일을 할 필요는 없어. 그분이 이미 널 사랑하시기 때문에 네가 그분을 위해 일하는 거야."

"리코, 세상은 위험하지. 뭐, 맞는 말이야. 하지만 이 세상의 모든 것을 주관하시는 하나님이 네 아버지야. 그분은 너를 내내 인도하시고 집으로 데려가실 거야."

이 모든 것은 확고하게 은혜를 얻는 것에 관한 것이다. 내가 위험한 세상에서 자신을 증명해야 하는 영적 고아가 아니라, 은혜로 구원받아 이제는 하나님의 자녀가 된 죄인이라는 사실을 아는 데서 비로소 감정이 흘러나오기 때문이다.

여러 해 동안 나는 매일 아침과 밤에 침대 옆에 꿇어앉아 감사를 올리고 있다. 대체로 복음과 그날 하루 동안 마주한 은혜에 대한 감사다. 나는 이를 내 사역에 큰 영향을 준 호주 출신 전도자 존 채프먼(John Chapman)에게서 배웠다. 나는 그를 20여 년 전 런던에서 한 번 보았다. 커피 한잔 마시러 만난 약 20분 동안, 나는 당시 사역에서 나를 끌어내리고, 힘들게 하고, 주춤하게 하는 네다섯 가지를 이야기했다. 점차 그 호주인의 입술이 이 징징대는 영국인을 비웃듯 비죽였다. 그가 말했다. "리코, 친구여. 내겐 당신 같은 친구가 있었습니다. 당신처럼 목회자였지요. 그런데 자살했습니다. 이렇게 말해도 될지 모르겠지만, 당신도 그 사람과 별반 다를 바 없군요."

나는 내가 할 수 있는 유일한 반응을 보였다. "뭐라고요?"

그는 말을 이었다. "리코, 당신 삶에는 감사가 없습니다. 아침과 밤에 침대 옆에 꿇어앉아 하나님께 감사하기를 바랍니다. 그리고 그때마다 십자가로 시작하는 것은 어떻습니까?"

그날 이후 나는 그렇게 해오고 있다. 이 습관은 감사가 내 삶에 스며들게 했고 내 불만을 잠재웠다. 감히 말하지만 이 습관은 내 사역을 살렸고, 존 채프먼에 따르면, 내 목숨도 살렸다.

선택하기

우리 생각이 복음으로 변화되고 우리 감정이 복음의 인도를 받으면, 우리는 좋은 선택을 할 수 있게 된다. 그리고 가장 중요한 선택은 순종할 것인가 아니면 반항할 것인가, 사랑 많으신 아버지를 기쁘시게 할 것인가 아니면 그분께 대항해 죄지을 것인가 하는 선택에 직면하는 것이다. 끊임없이 당신을 따라다니는 죄는 무엇인가? 죄의 패턴, 나약한 지점을 발견할 수 있도록 의식적으로 자신을 관찰하라. 현재 가장 큰 어려움 세 가지를 꼽을 수 있는가? 만약 할 수 없다면 당신은 그것들에 패배하고 있거나 영광 중에 들어간 것(이 경우엔, 아마 이 책을 읽을 것 같지 않다)이다. 그러니 당신이 어김없이 반역하기로 선택하는 영역을 꼽으라(도움이 필요하다면 배우자나 가까운 친구가 도와줄 수 있을 것이다).

나는 꽤 평범한 사람이라, 내가 계속해서 투쟁하는 세 영역은 분노, 정욕, 말이다. 나는 반드시 싸워야 한다. 존 오웬(John

Owen)이 기억이 남게 말했듯이 말이다. "당신의 죄를 죽이라. 그렇지 않으면 죄가 당신을 죽일 것이다." 나는 야간이 되어서는 안 된다. 내가 어떻게 싸우는지 밝히겠다.

첫째, 분노. 나는 성경이 하는 말을 스스로에게 상기시킬 필요가 있다. 여기 분노에 관한 세 구절이 있다.

"자기의 마음을 제어하지 아니하는 자는 성읍이 무너지고 성벽이 없는 것과 같으니라"(잠 25:28).

"형제에게 노하는 자마다 심판을 받게 되고"(마 5:22).

"분을 내어도 죄를 짓지 말며 해가 지도록 분을 품지 말고 마귀에게 틈을 주지 말라"(엡 4:26-27).

마지막 구절은 나를 파괴하려는 악한 존재가 있다는 것을 일깨운다. 내 죄가 그 존재에게 발판을 제공할 것이다. 복음 사역은 영적 전쟁의 최전선이며, 당신과 나는 그 전선에 있다. 우리 모두에게는 나약한 특정 영역이 있으며, 사탄도 이를 알고 있다. 분노나 정욕, 권리 의식, 자기 연민, 반감 등이 그것이다.

사탄은 우리를 벌거벗겨 복음 사역으로부터 끌어낼 수 있기를 희망하며, 그 영역들을 철저히 파고들 것이다. 그러나 이 연약한 영역들은 우리가 바로 설 수 있는 곳이기도 하다. 우리가 사탄을 대적하면 녀석은 달아나 버릴 것이기 때문이다(약 4:7).

그러므로 나는 내 대적은 실재한다는 것, 내 분노는 죄악이라는 것, 죄는 방사선이라는 것을 기억해야 한다. 나는 성경 교사다. 정말로 성질을 조절하지 못하면 안 된다. 나는 제어해야 한다. 이를 위해 나는 내가 AAR, 즉 인정(Acknowledge), 수용(Absorb), 대응(Respond)이라 부르는 과정을 진행한다. 나는 쉽게 화를 낸다. 나는 일이 일어나는 걸 감지해야 한다. 나는 누군가와 대화하고 있고, 상대방이 무언가를 말했을 것이다. 내 안에서 일어나는 감정을 느끼고, 스스로 생각해야 한다. "지금 화가 나네. 그 화가 고조되고 있어. 지금 당장 이 사람을 데리고 나가 남자 대 남자로 한판 붙고 싶어." 그들에게 웃어 보이면서 속으로 이런 생각을 한다. 내가 이 감정을 인정하지 않으면 나는 이 감정을 제어할 수 없을 것이다.

화가 치밀어 오는 것을 인정하고 나면 그다음 단계인 수용으로 넘어간다. 나는 24시간 동안 반응하지 않는다. 그것이 내 규칙이다. 뒤로 물러서는 것이다. 분노가 치솟으면 지혜로운 대응이 무엇인지 알 수 없다는 걸 나는 알고 있다. 정당한 대응이라고 느끼는 것 대부분은 좋은 대응이 아니다. 그래서 무슨 일이 일어났든 무슨 말을 들었든 그대로 수용하고, 24시간을 기다린다.

그리고 마지막 단계, 24시간이 지나면 대응한다. 만약 그때도 대응하지 않고 단지 꾹 참는다면 다른 상황에 다른 사람에게 폭발할 것이다. 그러니 대응해야 한다. 24시간이 지나면 지혜롭게 대응할 수 있을 정도로 침착해진다.

때로 올바른 대응은 분노는커녕 짜증 낼 근거도 없음을 깨닫고 그저 넘어가고 무시하는 것이다. 또는 그 사람이 어떤 일을 겪고 있는지 살피고, 나는 그저 그들을 용서하고 다른 일로 넘어가야 함을 아는 것이다. 달리 또 잘 대응한다는 것은 그 사람에게 다시 가서 대화를 나누는 것을 의미한다. AAR이 분노와의 전쟁을 완전히 멈추게 하지는 않을 것이다. 아마 이 땅에 사는 내내 분투해야 할 것이다. 그러나 그것은 내가 이 싸움에서 매일 이길 가능성이 높다는 것을 의미한다.

둘째, 정욕. 42세가 되도록 독신 생활을 하면서, 정욕은 별로 중요하지 않다고 나 자신을 속여 넘기지 않도록 스스로에게 상기시켰고, 지금도 그렇게 하는 구절들이 있다.

"나는 너희에게 이르노니 음욕을 품고 여자를 보는 자마다 마음에 이미 간음하였느니라"(마 5:28).

"너희 몸은 너희가 하나님께로부터 받은 바 너희 가운데 계신 성령의 전인 줄을 알지 못하느냐 너희는 너희 자신의 것이 아니라 값으로 산 것이 되었으니 그런즉 너희 몸으로 하나님께 영광을 돌리라"(고전 6:19-20).

"젊은 여자에게는 온전히 깨끗함으로 자매에게 하듯 하라"(딤전 5:2).

그리고 내가 해야 할 일은 기도다. 디트리히 본회퍼(Dietrich Bonhoeffer)가 기도하는 사람은 정욕을 지닐 수 없고, 정욕을 지닌 사람은 기도할 수 없다고 한 말은 옳다. 그래서 나는 기도한다!

이뿐 아니라 나는 이 영역에서 실패하는 것을 최대한 어렵게 만들고 있다. 그중 하나는 복음 사역으로 바쁘게 지내는 것이다. 우리가 온전히 주님의 사역에 참여하고, 그 사역에 우리의 초점을 맞출 때 실패할 가능성이 줄어든다. 마치 다윗왕이 자신이 있어야 했던 전쟁터에 가 있었다면 밧세바를 바라보고 왕

궁으로 불러들일 시간도, 기회도 없었을 것처럼 말이다. 죄짓기 어렵게 만드는 또 다른 방법은 내가 새 휴대폰이나 컴퓨터를 구할 때마다 교회의 기술 전문가에게 가져가 포르노를 보기 힘들게 하는 프로그램을 설치하게 하는 것이다. 이 작업을 하지 않는 것은 마치 헬멧을 쓰지 않고 사이클링을 하는 것과 같다. 얼마 동안, 심지어 꽤 오랫동안은 괜찮을지 몰라도 결국은 패배할 것이다. 패배할 때는 비참하게 패배할 것이다. 우리 대부분은 97퍼센트의 시간 동안은 괜찮지만 나머지 3퍼센트의 시간에는 정신 못 차리고, 우리 자신을 통제하려고 분투한다는 생각이 든다. 97퍼센트의 고요한 시간에 나는 말씀을 암송하고, 기도하고, 순결을 유지하는 단계를 밟아야 한다. 그래야 하얗게 불타는 3퍼센트의 순간에도 여전히 자신을 인도할 수 있다.

셋째, 말. 나는 항상 말이 성급한 편이었다. 젊었을 때 나는 이런 말씀을 받았다. "여호와여 내 입에 파수꾼을 세우시고 내 입술의 문을 지키소서"(시 141:3). 그 후 수십 년이 지났지만 여전히 이 기도가 필요하다. 나는 "무릇 더러운 말은 너희 입 밖에도 내지 말고 오직 덕을 세우는 데 소용되는 대로 선한 말을 하여 듣는 자들에게 은혜를 끼치게 하라"(엡 4:29)는 명령을 심각하게 받아들여야 한다. 사람들을 웃게 만드는 것보다, 그리고 좋은 인상을 남기는 것보다 확실히 더 중요한 것이 있다. 바로 서로 덕을 세우는 것이다. 선교사 에이미 카마이클(Amy Carmichael)은 항상 이 질문으로 자신의 입술에 삼중 파수꾼을 세운 것으로 유명하다. "이 말이 사실인가? 이 말이 도움이 되나? 이 말이 필요한가?" 나는 이 말을 들어야 하고, 계속해서 들어야 한다. 그리고 이 말은 소셜미디어 게시물에도 적용해야 한다(분별력을 발휘하여 나는 보통 댓글을 올리기 전에 지우고, 드물지 않게 올린 후에도 지운다).

여기까지가 내가 고군분투하는 것이고, 매일 지혜로운 선택을 하는 데 의식적으로 필요한 영역이다. 당신도 마찬가지다. 어쩌면 이즈음이 책을 잠시 내려놓고 당신의 싸움은 구체적으로 무엇인지, 그리고 그 싸움에서 옳은 선택과 그른 선택은 각각 어떤 모습일지 생각하기 좋은 시간일 것이다. 당신에게 각 싸움에서 경건함은 어떤 모습일지 보여 주고, 그 영역의 죄가 심각한 것임을 상기시킬 몇 구절을 성경에서 찾으라. 죄와 싸우는 데 도움이 되는 과정을 찾으라. 하나님께 영광 돌리는 선택을 할 때마다 그분을 찬양하고, 그렇지 못할 때마다 십자가로 도망치라. 결국 자신의 죄를 죽이는 목사만이 교회로 하여

금 그들의 죄를 죽이라고 촉구할 수 있다.

휴식은 선택 사항이 아니다

다음으로, 내 그림에 '신체 건강'이 있다. 당신이 나를 안다면 (또는 내 사진을 보았다면) 이 영역이 내 강점이 아니란 것을 알 수 있을 것이다. 언젠가 누군가 나에게 마라톤을 뛰는 것이 얼마나 좋은지 말해주었다. 나도 한번 해볼까 생각했다. 그 이튿날 42킬로미터를 운전해야 했고, 나는 생각했다. "농담하지 마! 이 거리를 달린다고?" 그게 다였다. 이 분야는 내가 더 노력해야 하고, 나이 들수록 더욱 그래야 하는 분야다. 나는 단것을 좋아하는 것을 넘어 자제하지 않으면 십 대 소년 같은 식습관을 드러낸다. 우리는 신체 건강을 우상으로 만드는 것을 피해야 하지만, 동시에 건강을 무시하는 것도 피해야 한다. 내가 목회하는 런던 중심부는 내가 적당한 몸 상태가 아니라면 누가 내 이야기를 듣고 싶어 할 것이라 기대하기 힘든 곳이다. 만약 우리가 자신을 돌보지 않는다면 사람들에게 우리가 그들을 돌볼 것이라는 믿음을 줄 수 있을까?

건강에 신경 쓰는 방법 중 하나는 적절한 수면을 취하려 노력하는 것이다(당신에게 매우 어린 자녀가 있다면, 당연히 한 시즌의 '적절한 수면'은 '쪽잠이라도 자는 것'으로 정의될 테지만 말이다). 당신이 피곤한 정도를 관찰하라. 피로한 목사는 신경 쇠약인 목사보다도 사람들에게 도움이 되지 못한다. 나는 언젠가 목회 문제가 유난히 힘들어 매일 새벽 3시부터 잠이 깬 채 누워 있지 않으려고 의사에게 수면제를 처방받은 적이 있다. 새벽 3시에 깰 거라고 여긴 적이 한두 번이 아니었다. 어쨌든 그래서 제시간에 잠자리에 들려고 주의를 거듭했다.

그리고 휴식 시간을 가지라. 내 생각에 우리 복음 전도자들은 그다지 잘 쉴 줄 모르는 것 같다. 우리는 은혜로 구원받은 것을 알고 있지만 사역할 때는 마치 행위로 구원받는 것처럼 한다. 만약 하나님께서 6일 동안 우주를 창조하셨다면 그분은 당신이 속한 그분 왕국의 작은 주머니를 매주 6번 지으실 수 있다. 하나님이 그분 백성에게 6일 동안 일하고 하루는 쉬라고 명령하셨을 때, 그분 사역에 당신이 너무나 중요해서 당신의 7일째 추가 시간 없이는 사역을 진행하시기 힘들기에 당신만 예외로 두신 것이 아니었다. 당신이 쉬는 날은 하나님께서 주권자이심을 참으로 믿는다는 선언이다. 당신이 할 수 있는 좋은 일은 항상 더 많을 것이고, 그래서 당신은 하루를 쉼으로써 항상 좋은 일을 하지 않기를 선택해야 할 것이다. 그러나 당신은 일을 그분께 맡겨야 한다(어쨌든 그 일은 항상 그분의 일이었다). 하나님께서 집을 세우지 않으시면 당신의 수고는 허사다. 그리고 그분은 당신의 도움 없이도 완벽히 집을 지으실 수 있다.

많은 경우 우리는 휴식을 선택 가능한 것으로 여기지 않는다. 사실 그렇지 않지만, 우리가 생각하는 방식으로는 그렇다. 휴식은 선택 사항이 아니다. 이것은 하나님의 명령이며, 우리에게 필요하다. 복음 전도자인 한 친구가 내게 이렇게 말한 적이 있다. "하루도 못 쉬고 강행한 적이 있어. 그러니 심신이 녹초가 되어 버려, 그간 못 쉰 날들을 내리 쉬었네."

그러니 하루를 쉬라. 날을 정하고, 교회 식구들에게 말하고, 이를 고수하라. 나는 내 휴대폰을 아내에게 준다. 이건 이런 의미다. "오늘 나는 내 가족의 것이에요. 오늘 내 모든 우선순위는 목사나 교사가 아니라 남편과 아버지가 되는 거예요." (아주) 가끔 어떤 행정 처리를 먼저 하면 남은 하루를 온전히 쉴 수 있으리라 판단될 때가 있다. 그럴 때는 아내에게 먼저 묻고(통보하는 것이 아니라), 그 일에 시간을 얼마나 할애할지 함께 결정한다.

그리고 쉬는 날에는, 당신이 좋아하는 일을 하라. 정말 쉼이 되는 일을 하라. 어떤 사람에게는(나는 아니다) 그것이 마라톤을 뛰는 것일 수 있다. 또 어떤 사람에게는(이번에도 나는 아니다) 잡수리일 수도 있다. 우리는 각자 다르게 팽팽해지므로, 다르게 느슨해질 것이다. 하지만 우리는 모두 반드시 쉬어야 한다.

나는 럭비 자서전(rugby autobiographies)[4] 읽는 것을 좋아한다. 한 300권 가지고 있다. 결혼 전에 이 취미에 대해 아내에게 말했는지 기억나지 않는다. 럭비 자서전 읽기의 가장 좋은 점은 딱히 크게 나쁜 일이 일어나지 않는다는 점이다. 읽는 내용 중 가장 최악이라고 해봤자 누군가의 발차기에 머리를 맞았다거나 큰 부상을 당한 후 성공적으로 커리어를 마쳤다는 정도다(성공한 사람이 아니라면 자서전을 쓰지도 않았을 테니 말이다). 뉴스를 모은 「위크」(The Week)지 읽는 것도 좋아한다(슬프게도 나는 자라 버렸고, 이 잡지가 만화책을 대체했다). 나는 전쟁 영화를 본다. 반드시 아내와 함께 시간을 보낸다. 아이들을 수영장에서 데려온다. 한 달에 한 번 골프를 친다.

솔직히 말해 쉬는 날이 항상 편안하지는 않다. 아이들과 시간을 보내는 것은 딱히 '휴식'이라 부르기도 어렵다. 하지만 그 후에 대체로 상쾌함을 느낀다. 그리고 내 잠재의식에도 쉴 수 있

---

[4] 유명한 럭비 선수들의 자서전 시리즈.—옮긴이 주

는 약간의 시간이 주어졌기에, 쉬고 난 다음 날 가장 좋은 아이디어가 떠오르는 경향이 있다.

우리는 일주일에 6일은 힘써, 신실하게 일하도록 창조되었다. 하지만 우리는 또한 일주일에 하루는 푹 쉬도록 창조되었다. 하루 쉬는 것, 그리고 정말 푹 쉬는 것을 부끄러워하지 말라.

상황은 엄중하다

끝으로, 환경 또는 상황이 있다. 어려운 교회 문제나 목회 상황이나 가정 환경, 또는 복음을 받아들이길 거부하는 친인척이 당신에게 미칠 수 있는 영향을 과소평가하지 말라. 나는 지난 두어 해 동안 6건의 자살이 유발한 목회 후유증을 감당했다. 끔찍했다. 나는 대주교의 전도 분과에서 사임했고, 공개적으로 그 이유를 밝혔다. 한동안 내 이름을 구글에서 검색하면 관련 인터뷰가 상단에 떴고, 단체들은 강연 초청을 취소하기 시작했다. 진이 빠졌고 염려스러웠다. 내 아버지는 돌아가시기 전 5년 동안 매우 심한 치매로 고생하셨다. 한 요양 시설에서는 칼을 휘두르셔서 경찰 보호를 받은 적도 있다. 우리는 아버지를 진정시키고 안전한 곳으로 모셔야 했다. 다른 사람이 아닌 내 아버지였다. 가슴이 짓이겨졌다. 끔찍했다.

그리고 주변에 있는 사람들을 잘 알아 두라. 나는 잠언을 읽으면서 어리석은 자와 지혜로운 자뿐 아니라 지혜로운 자를 어리석은 자로 만들 수 있는 맹수들, 특히 음행한 여자와 피 흘리기를 좋아하는 자에게 우리가 제공되는 방식에 충격을 받았다. 성적 부도덕은 당신의 사역을 파괴할 것이고, 거의 어김없이 결혼 생활도 파괴할 것이다. 계속되는 다툼은 사역을 서서히 무력화할 것이고, 거의 어김없이 당신의 건강도 무력화할 것이다. 그러니 누구를 조심해야 하는지 알아 두라. 그들은 당신의 가족 가운데 있을 수 있다. 당신의 교회 안에 있을 수 있다. 그들과 반대편에 있는 사람들을 사랑하려 할 때도 지혜롭게 경계를 세우라. 당신이 기혼자라면, 배우자가 누군가에 대한 우려를 드러냈다면 그 말을 들으라. 사역자 중 누구도 고의로 불륜에 빠지거나 쓸모없고 불필요한 분쟁에 휘말릴 계획이 없다. 그러나 나는 이 둘로 인해 무너지는 목사들을 봐 왔다.

그러니 당신이 처한 상황이나 주변 사람들의 영향을 과소평가하지 말라. 이러한 것들이 영향을 미칠 수 있다는 것을 인정할 필요가 있다. 환경이 어려울 때 불만이 더 쉽게 올라오기 마련이며, 죄를 더 쉽게 변명하기 마련이다. 그래서 내 상황이 이래저래 힘겨울 때 그 속에서 나는 복음을 기억해야 하고, 죄와 싸워야 하며, 휴식을 취해야 한다.

CIA에 참여하기

자기 리더십은 필수적이지만 쉽지 않다. 따라서 기꺼이 듣고 기꺼이 책임지려는 자세가 전적으로 중요하다. 그러니 먼저 우리는 앞서 이 길을 걸어간 선배들로부터 배울 준비가 되어 있어야 한다.

나는 젊은 목사였고, 나와 또 다른 젊은 목사와 함께 '르호보암 그룹'이라는 모임을 만들었다. 솔로몬의 아들 이름을 딴 것인데, 르호보암은 노인들의 이야기는 듣지 않고 동년배들의 말만 들어 비극적인 결말을 맞이했다. 그 대가로 그는 왕국의 상당 부분을 잃어야 했다(왕상 12:6-17). 모임은 단순했다. 우리보다 30년 이상 나이 많은 사람을 그들의 지혜를 구하기 위해 초대했고, 열심히 들었다.

그다음, 앞서 말했듯이 우리에게는 친구가 필요하다. 그들은 우리가 죄를 장막 아래 묻고 있거나, 긴장된 목회 상황에 무너져 가거나, 말씀을 바르게 가르치는 일직선에서 구부러지고 있을 때 우리가 거리를 둘 수 있는 이들이 아니다. 함께 농담할 수 있지만 기도할 수는 없고, 스포츠에 대해 이야기할 수 있지만 어려움을 털어놓을 수는 없는 이들이 아니다. 우리는 CIA, 즉 기밀 유지(Confidentiality), 친밀함(Intimacy), 책임감(Accountability)에 헌신한 이들이 필요하다. 우리가 답하기 싫어할 것이 뻔한 질문을 던지고, 우리가 죄를 축소하거나 변명하거나 합리화하는 것을 거부하는 대신 우리를 위해 기도해주며, 우리를 다시 은혜로 인도하고 점검하면서 우리의 죄 문제를 도울 친구가 필요하다. 우리 스스로 그들이 필요하다고 깨닫든 아니든, 우리가 그들이 필요할 때 자리를 지키고 있을 친구가 필요하다.

내 인생에서 가장 큰 축복 중 하나는 서로를 책임지는 다섯 명의 친구다. 우리는 자주 소식을 전하고 일 년에 한 번은 만난다. 그들에게는 내 삶에 대해 말할 수 있는 권한이 있다. 우리는 어떻게 일해야 하는지, 어떻게 동료들과 교류해야 하는지, 신학에 대해, 결혼에 대해, 자녀 양육에 대해, 삶에서 일어나는 일들에 어떻게 잘 반응할지에 대해 서로에게 기대고 서로에게서 배운다. 나는 이 친구들은 나를 띄워주는 것보다 내 경건에 더 관심 있다는 것을 안다. 이들은 내가 듣고 싶은 말보다 내가 들어야 할 말을 할 것이다. 이런 친구가 한 명이라도 있는가? 어쩌면 당신의 배우자일 수 있다. 아주 좋다. 그렇다면, 다른 한 명(배우자가 아닌, 친구)을 더 구하라.

마지막으로, 아마 가장 중요한 것일 수 있는데, 바로 우리도 목사가 필요하다는 것이다. 모든 목사는 목양받아야 하기 때문이다. 여러 해 동안 나는 이야기해야 할 내용들을 목록화해서 (아내가 편집을 도와주었다…) 몬티 바커 박사(Dr Monty Barker)라는 분을 방문했다. 지금 내게 이런 도움을 주는 분은 『비대한 에고 여행』(The Big Ego Trip)의 저자 글린 해리슨(Glynn Harrison)이다. 영국에서는 최근 슬프게도 은혜에서 떨어진 목사들의 사례가 무더기로 나오고 있다. 그때마다 수면 위로 올라온 것은 그들이 비밀에 부쳐 온 삶의 일부였다. 동시에 아무도 그들에게 책임을 묻지 않았다는 것이 분명해졌다. 글린은 그리스도인 리더에 대한 자신의 경험에 대해 이렇게 말한다.

"개인적인 문제로 외로운 싸움에 빠지거나, 비밀스럽고 때로는 기만적인 독불장군처럼 활동하는 목사들을 많이 봐 왔습니다. 그들은 목회적 돌봄과 훈련에, 더 나이 많고 현명하며 눈속임을 못 하는 사람에게 마음을 열어 본 적이 없어 곤경에 빠집니다. 친구가 반드시 답은 아닙니다. 내가 아는 대부분의 사람은 그들을 직면하거나 그들에게 조언해 줄 영혼의 친구보다, 불편한 상황에서 그들이 교묘히 빠져나갈 수 있는 친구가 있습니다. 목사는 자신을 목양할 목사를 찾아야 합니다." (개인적인 서신에서)

바로 CIA, 기밀 유지(Confidentiality), 친밀함(Intimacy), 책임감(Accountability)이다. 과거에 중요한 결정을 내려 본 사람, 조언해 주고 도전하고 도와줄 수 있는 사람이다. 만약 아간에게 그런 사람이 있었더라면. 그가 여리고성 어디에 있었느냐고 묻고, 그가 선망과 재물에 대한 욕심에 허우적대고 있음을 이미 알고, 그에게 "지금 바로 파내게. 지금 회개하게. 지금 가서 돌려주게."라고 말하는 사람이 있었더라면.

그래서 내게는 한 달에 한 번 만나는 사람이 있고, 특히 우리는 서로 이렇게 묻는다. "내가 당신에게 하지 않았으면 하는 질문이 뭔가요?" 그는 내가 스스로를 잘 이끌도록 도우며, 그래서 나는 내 가족과 하나님의 집을 잘 이끌 수 있다.

이것이 자기 리더십이다. 매일 아침, 나는 의도적으로 내 생각, 내 감정, 내 선택, 내 건강과 내 주변 환경에 집중한다. 그리고 하루를 지내면서 복음이 내 생각을 채우고, 복음이 내 감정을 형성하며, 휴식의 필요와 환경이 내게 영향을 미치는 것과 마찬가지로 복음이 내 선택을 지도하도록 의식적으로 노력한다. 그리고 이렇게 하는 것은 우리 자신뿐 아니라 우리 사역을 위해서도 중요하다. 왜냐하면 우리가 먼저 자신을 이끄는 법을 배우고 나면, 하나님의 영광과 그분 교회의 유익을 위해 다른 이들을 이끌 수 있기 때문이다.

4장

교회를 섬기라

(교회든 가정이든 청소년 그룹이든 기타 다른 그룹이든) 누군가를 이끌 때는 매일 판이하게 다른 두 가치 체계 사이에서 선택해야 한다.

그리고 그 매일의 선택이 당신을 정의할 것이고 당신의 사역을 정의할 것이다. 우리는 곧 우리가 하는 선택이기 때문이다.

기독교 서적이든 일반 서적이든 리더십에 관한 책은 많다. 전략, 측정법, 체계, 자기 인식 도구도 많다. 코치, 코스, 콘퍼런스도 있다. 여기에는 이유가 있다. 리더십은 어렵다. 잘하는 데 생각이 요구되며, 결코 완벽에 도달할 수도 없다(완벽한 리더는 딱 한 분뿐인데, 그분은 하늘에 계신다).

이 장에서 나는 그 어떤 것도 요약하거나 덧붙이거나 훼손하고 싶지 않다. 리더십에는 내가 여기서 말하려는 것보다 훨씬 더 많은 내용이 있다. 그러나 내가 여기서 주로 다루려는 선택지보다 덜 한 기독교 리더십은 없어야 한다. 왜냐하면 이 선택지가 나머지를 움직이는 핵심 동기에 관한 것이기 때문이다.

우리 각자가 리더로서 마주해야 하는 선택지는 세 부분으로 나뉜다. 이것은 예수님께서 로마 십자가 위에서 죽으시기 위해 제자들과 함께 걸으셨을 때 예루살렘으로 가는 길에서 예시된다.

구약성경에서 내게 가장 깊은 인상을 남긴 것이 우리가 아간으로부터 배운 2장에서 집중한 내용이었다면, 신약성경에서 내게 가장 큰 영향을 미친 구절은 마가복음 10장 35-45절일 것이다. 나는 존 스토트가 이 구절로 설교하는 것을 들었고, 그가 이 구절을 살아 내는 것을 보았다(이 장은 이 구절에 대한 그의 설교를 차용했다). 마가복음의 이 부분은 항상 내가 무릎 꿇게 한다. 왜냐하면 모든 그리스도인 리더가 해야 하는 선택 앞에 나를 던져 놓기 때문이다. 바로 예수님 같은 위대함을 추구하면서 예수님처럼 이끄는 것과 세상이 위대하다고 정의하는 것을 추구하면서 세상처럼 이끄는 것 사이의 선택이다. 이 두 가지 삶의 철학이 조화를 이룰 가능성은 전혀 없다.

그리고 마가복음 10장의 그 길 위에서, 예수님이 하늘의 길을 구현하신 것처럼 야고보와 요한은 세상의 길을 대변한다.

자기 섬김인가 자기희생인가

예루살렘으로 가는 길 위에서 제자들은 혼란과 몰이해에 휩싸였고, 예수님은 종종 죽음, 곧 자신의 죽음을 대화 주제로 삼으셨다.

"예루살렘으로 올라가는 길에 예수께서 그들 앞에 서서 가시는데 그들이 놀라고 따르는 자들은 두려워하더라 이에 다시 열두 제자를 데리시고 자기가 당할 일을 말씀하여 이르시되 보라 우리가 예루살렘에 올라가노니 인자가 대제사장들과 서기관들에게 넘겨지매 그들이 죽이기로 결의하고 이방인들에게 넘겨 주겠고 그들은 능욕하며 침 뱉으며 채찍질하고 죽일 것이나 그는 삼 일 만에 살아나리라 하시니라"(막 10:32-34).

대화 주제가 죽음으로 바뀌면 우리는 피하거나 비껴가려 하기 마련이다. 제자들도 둘 다 시도했다. 그러나 때로 죽음에 관한 이야기는 우리 삶을 돌아보게 해준다. 우리는 인생에서 무엇을 원하는 걸까? 우리는 인생에서 무엇을 하길 원하고, 무엇을 성취하길 원할까?

야고보와 요한은 인생에서 자신들이 원하는 것을 어떻게 확보할지를 고민했다. 그리고 누가 자신에게 그것을 줄 수 있는지 알고 있었다.

"세베대의 아들 야고보와 요한이 주께 나아와 여짜오되 선생님이여 무엇이든지 우리가 구하는 바를 우리에게 하여 주시기를 원하옵나이다"(막 10:35).

그들의 요청은 그들과 예수님, 모든 제자와 예수님 사이의 그 유명한 대화를 촉발했다. 이 대화는 자주 인용되는 예수님의 말씀으로 이어진다.

"인자가 온 것은 섬김을 받으려 함이 아니라 도리어 섬기려 하고 자기 목숨을 많은 사람의 대속물로 주려 함이니라"(막 10:45).

물론 이것은 익숙한 구절이다. 문제는 이 구절을 알고 있느냐가 아니다. 이 구절을 우리 사역에 과연 적용한 적이 있느냐다. 우리가 이 구절을 살아냈느냐다.

여기, 예루살렘으로 가는 길에 당신이 맞닥뜨린 첫 번째 선택이 있다. 당신의 리더십은 자기 추구(self-seeking)와 자기희생(self-sacrifice) 중 어느 쪽으로 나타나는가?

야고보와 요한이 예수님을 "선생님이여."라고 부르는 35절은 아이러니하다. 그들은 예수님의 가르침의 핵심을 흡수하지 못했기 때문이다. 아니, 그들은 전혀 다른 정신을 들이켰고, 전혀 다른 야망으로 불타올랐다.

"여짜오되 주의 영광중에서 우리를 하나는 주의 우편에, 하나는 좌편에 앉게 하여 주옵소서"(막 10:37).

그들은 예수님께서 그분 왕국으로 모든 권세를 이끄실 때 그분의 내각에서 가장 상석에 앉기를 원한다. 그들은 언젠가 예수님의 나라에 불경건한 자리 다툼이 일어나리라 예상한다. 그래서 먼저 들어가 사전 예약을 하는 것이 현명하다고 판단해, 예수님의 뜻을 자신들 뜻에 맞게 굽히기로 마음먹는다.

예수님, 이것을 해주시길 원합니다. 이것이 그들의 기도다. 그들은 수완 좋은 자들이고, 출세주의자들이다. 명성과 명예에 굶주려 있고, 승리를 원한다. 그들은 성취와 찬사로 삶을 재단한다. 명성과 성취와 인정을 원하고, 그것들을 향해 공격적인 야망을 지닌다. 그들은 "사람에게 보이려고" 큰 거리 어귀에서 서서 기도하는 바리새인과 같다(마 6:5). 왜 큰 거리 어귀겠는가? 그래야 두 배로 많은 사람이 주목해 그들에게 좋은 인상을 남길 수 있을 것이기 때문이다.

세상은 이런 식으로 돌아가는 경향이 있다. 그리고 의심하지는 말자, 우리의 교회도 이런 경향이 있다. 나는 이 바리새인들에 대해 잘 이야기할 수 있다. 이들은 사람들에게 보이고, 존경받으려고 사역한다. 나는 유명해지면 좋겠고, 존경받으면 좋겠다. 나는 인정받고 싶다. 나는 내게 원하는 것을 전달해줄 힘을 좇을 것이다. 우리는 모두 본성상 야고보와 요한이고, 세상은 그런 우리를 응원한다.

그러나 십자가의 길은 자기 섬김(self-serving)과 절대 함께할 수 없다.

예수님은 자기 목숨을 주셨다. 예수님은 하나님의 아들로서 모든 권리가 있으심에도, 하나님과 동등 됨을 자신만을 위한 상이나 특권으로 여기지 않으셨다. "자기를 비워 종의 형체를 가지사 사람들과 같이 되셨고 … 자기를 낮추시고 죽기까지 복종하셨으니 곧 십자가에 죽으심이라"(빌 2:7-8).

예수님은 그분의 합법적인 소유에 매달리지 않으셨다. 그분은 자신의 권리에 목매지 않으셨다. 그분의 성육신은 인류 역사에서 오직 십자가형으로써 넘어선 자기희생의 행위였다. 그분은 자신의 신성을 구실 삼아 인류 역사의 무대에 으스대는 족적을 남기지 않으셨다. 아니, 그분은 오히려 자신의 인성을 이용해 자신의 선택으로 범죄자의 죽음을 맞으셨다(빌립보서 2장 7-8절의 이 구절, "자기를 비워 … 자기를 낮추시고[he made himself … he humbled himself]"는 헬라어의 재귀용법으로 쓰였다. 즉, 스스로 이 일을 하셨음을 의미한다).

여기 예수님의 리더십 방법이 있다. 그분은 인성을 선택하셨다. 그분은 십자가를 선택하셨다. 그분은 우리의 몸값을 치르기로 선택하셨다. 그분은 자신의 유익에 앞서 우리의 유익을 선택하셨다. 그분은 칭송이 아닌 불명예를 선택하셨다. 그분은 다른 이의 복지와 하나님의 영광을 위하는 일에 그렇게나 열심이셨다.

우리가 이끄는 방식은 낙오한 사람들, 사회가 불가촉으로 간주한 사람들과 우리가 섞여 드는 것을 보여 주므로 우리의 명성을 위태롭게 하는가? 우리가 이끄는 방식은 우리가 자신을 전혀 생각하지 않는 것을 보여 주므로 우리의 안녕을 위태롭게 하는가? 예수님은 우리가 마주하길 꺼리는 선택을 우리 앞에 제시하신다. 우리는 명예, 영광, 위신을 위해 살 것인가… 아니면 자기희생으로 살 것인가? 우리는 선택해야 한다. 그리고 우리는 곧 우리가 하는 선택이다.

권력인가 섬김인가

다음으로, 예루살렘으로 가는 길에서 우리는 세상 권력과 경건한 섬김 사이의 선택을 맞닥뜨리게 된다. 야고보와 요한은 예수님의 나라에서 그분의 좌우편에 누가 앉기를 예상하고 있었을까?

그들은 왕좌를 기대하고 있었다. 그들은 예수님 양편의 왕좌에 앉기를 원했다. 당연히 예수님이 그분의 왕국에서 가장 높은 자리를 차지하실 것이다. 그러니 그런 분의 이인자가 된다고 상상해보라! 그건 힘이 될 것이다. 그것이 바로 야고보와 요한이 찾고 있던 것이었다.

야고보와 요한은 예수님을 따르기 위해 성공적인 가업이었던 고기잡이 사업을 뒤로하고 떠났다. 그들의 아버지 세베대는 그를 위해 일하는 사람들, 아마도 종들을 두고 있었다. 모르긴 몰라도 이 형제는 그 모든 것을 물려받을 수 있었을 것이다. 그럼에도 그들은 예수님의 부르심에 귀를 기울였다. 오직 인간만이 그들이 뒤로한 것 중 일부를 그리워하고, 그들이 인생에서 다른 길을 선택했으면 어땠을지 궁금해한다. 그러나 예수님은 하나님 나라를 가져오고 계셨다. 그래서 그분과 함께한 길 끝에는 그들이 고기잡이 사업체인 세베대와 아들들(Zebedee & Sons)을 경영하며 갈릴리 바닷가에서 누렸던 것보다 더 큰 권세가 놓일 것이었다.

그렇다면 이 요청은 모두 권력에 관한 것이다. 그리고 다시 말하지만, 권력을 행사하는 것은 세상의 방식이다. 세상은 권력의 언어를 이해한다. 우리가 살아가는 세상은 움켜쥐고, 탐욕스럽고, 거의 모든 대상을 존중하지 않지만, 권력만큼은 존중한다.

야고보와 요한 속의 힘에 굶주림(power-hunger)은 왜 그들이 "나는 침 뱉음 당하고, 채찍질당하고, 죽임당할 것이다."라는 예수님의 말씀을 듣게 됐는지, 왜 그들이 그 말씀은 무시하면서 "저희를 위해 무엇을 해주실 수 있나요? 어떻게 하면 당신에게서 우리가 원하는 것을 얻어 낼 수 있죠?"라고 생각했는지를 설명한다. 이것이 권력에 목마른 사람이 보이는 행동이다. 다른 이들은 단지 우리가 사다리를 오르도록 돕거나 사다리에서 발에 차이기 위해 그곳에 있다. 권력 중심 사고방식은 자신의 시야 바깥을 전혀 보지 않는다. 볼 수도 없다. 원하는 것을, 원하는 때에, 원하는 대상에게 행한다. 다른 사람의 안녕을 위해 헌신하지 않는다. 이 사고방식은 통제하고, 영향을 미치고, 지배하려 한다. 그리고 절대 멈춰서 들으려고 하지 않는다.

우리 중 많은 사람이 사업체나 산업체에서 인간의 삶에 이같이 접근하는 태도를 겪어 보았을 것이다. 그리고 교회도, 권력과 관련한 모든 리더십에 면역이 있지 않다.

권력 중심 사고방식은 괴롭힘이나 통제 행동으로 이어진다. 비극적이게도, 복음주의 내 교회 지도자들이 교회 안에서 그들의 리더십을 기능적으로 온화한(또는 그렇게 온화하지는 않은) 독재 권력으로 볼 때, 이런 모습이 너무 자주 보인다. 이런 사고방식은 목사들이 자신에게 순종하는 것을 복음에 순종하는 것과 동일시하게 한다. 목사들이 "내 길이 하나님의 길이오. 그러니 함께하든지, 아니면 나가시오."라는 태도를 취하게 만든다. 강단은 너무나 쉽게 왕좌로 바뀌며, 거기서부터 권력이 통제와 강압에 사용된다.

그러나 십자가의 길은 이런 류의 힘에 굶주림과 절대 함께할 수 없다.

예수님은 리더십을 가르치시기 위해 제자들을 불러 모으셨다 (그들은 야고보와 요한에게 화가 나 있었는데, 짐작건대 이 형제가 그들보다 앞서 그런 요청을 했기 때문일 것이다). 매일 우리 사역에 임할 때마다 이 가르침을 경청하는 것이 좋다.

예수님은, 세상의 길은 권력과 지위를 이용해 다른 이들을 "임의로 주관"하는 것이고, 권세 있는 자들의 이익을 위해 다른 이들에게 "권세를 부리"는 것이라고 말씀하신다. 그리고 우리가 그리스도를 닮은 리더가 되고자 한다면 우리를 반드시 변화시키고 형성해야 할 이 네 마디 말씀을 이으신다.

"너희 중에는 그렇지 않을지니."

어째서 그런가?

"너희 중에 누구든지 크고자 하는 자는 너희를 섬기는 자가 되고 너희 중에 누구든지 으뜸이 되고자 하는 자는 모든 사람의 종이 되어야 하리라"(막 10:43-44).

기독교 공동체는 우리 주변의 세속 공동체와는 완전히 다른 원리로 운영되어야 함을 명백히 하는 말씀이다. 둘 사이에는 조화란 없다.

참된 위대함을 찾고자 한다면, 그것은 섬김으로 드러난다. 여기서 "종"으로 번역된 단어의 원어는 디아코노스(*diakonos*)다. 이들의 행동은 자신의 유익이 아닌 다른 사람의 유익에 지시받는다. 참된 위대함은 겸손한 섬김에서 드러난다.

얼마 전 1만여 명의 복음주의자들이 모인 한 콘퍼런스에 참석했던 기억이 난다. 내가 아는 어떤 노목사님이 마지막 모임에서 15분 동안 강연해달라는 요청을 받았다. 나는 그분이 말씀 한마디 한마디를 열과 성을 다해 준비한 것을 알고 있었다. 그러나 그날 아침, 찬양팀이 할당받은 시간을 훨씬 초과해 결국 목사님이 강연할 시간은 2분밖에 남지 않게 되었다.

나는 곧장 무대 뒤에서 그분을 찾았다. 나는 격분했다. 그분은 겸손했다. "우리는 단지 종일 뿐이네, 리코." 그분은 참으로 자기 역할을 섬기는 것으로 여기고, 그 섬기는 역할을 특권으로 안 복음 사역자였다. 압박감에 눌리면 덜 경건해지는 것이 아니라 오히려 더 경건해지는 분이 거기 있었다.

"누구든지 으뜸이 되고자 하는 자는 모든 사람의 종이 되어야 하리라." 이것은 매우 단순하다. 그리고 매우 도전적이다. 하나님 나라의 리더십은 종의 모습이다. 물론, 종은 다른 사람에게 귀속된다. 나는 예수 그리스도의 종이며, 그분과 그분 백성에게 귀속된다.

이것은 리더십에 완전히 달리 접근하는 것이다. 목사의 권위 아래 있는 사람들은 목사를 위해 거기에 있는 것이 아니다. 목사가 그들을 위해 있다. 그리스도인 리더십은 강압이 아니라 본보기를 보임으로써 발휘된다. 당신이 사람들에게 무엇을 해야 하는지 보이지는 않고 말만 한다면, 그것은 그리스도를 닮은 리더십이 아니다. 그리스도의 교회에서는 짓밟히는 일이 없어야 한다.

이것이 지금 우리 시대에 시사하는 한 가지 중요한 의미는, 리더들은 말하는 것보다 더 많이 들어야 한다는 것이다. 야고보와 요한, 그리고 바리새인들은 듣고자 하지 않았다. 듣는 것은 비용이 많이 들기 때문이다. 듣는 데는 시간이 걸리고, 듣고 싶지 않은 것을 들어야 할 수도 있다. 그리고 사람들로부터 듣고 어쩌면 배우려고 노력하는 것보다 그저 뒤따라오라고 말하는 것이 훨씬 수월하다. 신실한 리더들은 잘 듣는다. 그리고 나는, 내가 속한 세계의 특정 지역 안에 있는 복음주의의 특정 진영 안에서 이런 일이 잘 일어나지 않는다는 것을 안다.

너무나 자주, 리더들은 냉혹하거나 오만하거나 거리를 두는 방식으로 리더십을 행사했다. 우리는 비판을 들으려 하지 않으며 염려를 들으려 하지 않는다. 그 결과 하나님의 백성에게 헤아릴 수 없는 고통을 주었고 우리 증인들에게 상처를 입혔다. 우리는 듣고 싶지 않은 말을 하는 이들을 쫓아냈다. 우리는 우리의 신학 '지파'(tribe)에 속하지 않은 사람들이 아무리 중요한 이야기를 해도 그들을 무시했다.

이 모든 사실에 비추어 보건대, 듣기 시작하려면 우리 생각보다 더 많은 노력을 해야 할 것이다. 이것은 우리에게 비판적인 사람들을 그들과 대화하기 위해 초대하고, 그들을 이해하기 위해 열심히 노력하고, 우리가 바꾸어야 할 부분을 보는 것 등 적극적 태도를 요구한다. 그들이 말하는 것에 모두 동의하지 않을 수 있지만 우리는 겸손하고 경청하고 변화할 준비가 되어 있어야 한다.

우리와 매우 다른 이들은 우리가 무심결에 지니고 있던 전제와 전혀 보지 못하던 사각지대를 폭로할 수 있다. 우리와 친구가 아닌 이들이 진실을 말해주는 것이 더 쉽다는 것을 알게 될 것이다. 그들은 우리가 나쁘게 반응하더라도 잃을 것이 적기 때문이다. 앞서서, 듣기 전에, 경청하지 않고, 누군가나 무언가

나 특정 상황에 대해 충분히 안다고 가정하지 말라.

그리스도인 리더들은 종으로 부름받았지 상사로 부름받지 않았다. 더 망가지기 전에 우리의 책상, 달력, 강단에 다음 네 마디 말을 적어 놓는 것이 좋겠다.

"너희 중에는 그렇지 않을지니."

무엇보다 우리는 섬기러 오신 왕을 따른다. 만물을 창조하신 그분은 다른 이들의 섬김이 떠받치는 왕좌에 앉으러 오시지 않았다. 아니, 도리어 예수님은 수치의 십자가를 지고 다른 이들의 무게를 감당하기 위해 오셨다. 신약학자 T. W. 맨슨(T. W. Manson)은 다음과 같이 썼다.

> "하나님 나라에서 섬김은 고귀함으로 가는 발판이 아니다. 그것 자체가 고귀함, 인정받은 유일한 고귀함이다." (『교회의 사역』 [The Church's Ministry], 27쪽)

섬김은 인정받은 유일한 고귀함이다. 19세기의 위대한 주교 J. C. 라일의 말도 있다.

"교회에서 가장 위대한 성직자는 겸손, 사랑, 회중을 향한 지속적인 돌봄으로써 그리스도의 모범에 가장 근접한 자이고, 스스로를 하나님 자녀의 종으로 여기는 자다."

그러니 참된 그리스도인 리더십의 상징은 보라색 셔츠, 완벽하게 찍힌 홍보 사진, 큰 집, 수많은 트위터 팔로워 등 뭐든 간에 이런 성직자 성공의 장식품이 아니다. 자신의 죽음에 가까이 다가가셨을 때조차 제자들의 발을 씻어 주셨던 주 예수 그리스도의 수건이 그 상징이다.

이것은 도전이다. 그러나 동시에 큰 격려다. 세상의 눈에는 섬김을 중심에 둔 사역은 매우 평범해 보인다. 그러나 신하들의 발을 씻어 주신 왕의 눈에 그 사역은 고귀함을 담고 있다. 우리 대부분은 그저 평범할 것이기에 이 사실을 기억해야 한다. D. A. 카슨(D. A. Carson)은 『어느 평범한 목사의 회고록』(*Memoirs of an Ordinary Pastor*)에서 캐나다 프랑스어권 목사인 그의 아버지의 사역에 초점을 맞췄다.

"대부분의 목사는 정기적으로 수만 명은 고사하고 수천 명의 사람들에게도 설교하지 않을 것이다. … 그들은 부지런히 연로

한 성도들 돌보기, 심방하기, 상담하기, 성경 공부와 설교하기에 힘쓸 것이다. … 때때로 그들은 '성공적' 사역을 간절한 눈으로 바라볼 것이다. 그들 중 많은 이가 존경받는 거장들이 후원하는 콘퍼런스에 참석해, 한편으로는 감사와 격려, 다른 한편으로는 질투와 불충분함과 죄책감이라는 약간의 부조화를 안고 돌아온다. 우리 대부분은—우리 솔직해지자—평범한 목사다."(킨들 위치 113)

우리 부르심의 많은 부분이 평범하다는 사실을 받아들일 필요가 있다. 왜냐하면 우리는 섬기도록 부름받았지, 주목받도록 부름받지 않았기 때문이다. 그리고 무엇보다도, 사실상 중요한 것은 유일하신 눈이 보는 모든 것이다. 예수님의 눈에 우리가 그분으로 인해 행한 어떤 섬김의 행동도 정말로 '평범'한 것은 없다.

다시 말하지만 예수님은 우리가 마주하기를 꺼리는 그 결정을 우리 앞에 보여 주신다. 중도는 없다. 우리가 따르겠다고 선언한 왕은 십자가를 보좌로 삼으시고 가시를 면류관으로 삼으신 분이기 때문이다. 우리의 굶주림은 권력을 향하는가 아니면 섬김을 향하는가? 선택해야 한다. 그리고 우리는 곧 우리가 하는 선택이다.

안정인가 고난인가

마지막으로, 기독교 리더십에서 우리는 안정과 고난 가운데 선택해야 한다.

야고보와 요한은 자신들이 예수님께 무엇을 요구하고 있는지 알지 못했다(막 10:38). 그리스도께서는 "내가 마시는 잔을 너희가 마실 수" 있느냐고 물으셨다. 야고보와 요한은 예수님을 따르면 얻을 수 있으리라 여긴 것들로 시선이 가 있었고, 아마도 메시아의 잔치에서 마시게 될 포도주 잔을 생각하고 있었을 것이다. 그들은 답했다. "물론 할 수 있습니다."

그러나 예수님은 그들의 시선을 돌려 그분을 따르면 포기해야 할 것을 보게 하신다. 그분이 마실 잔은 그분 백성을 위한 고난의 잔이었고, 겟세마네에서 마시기로 결심한 잔이었으며, 갈보리에서 그 찌끼까지 남김없이 마신 잔이었다.

그렇기에 예수님께서 이 두 사람에게 약속하신 것은 아주 충격적이고, 정신이 번쩍 나게 한다. "너희는 내가 마시는 잔을 마시며."

두 사람은 때가 되면 그리스도인 리더십이 정말로 무엇을 포함하는지 알게 될 것이다. 그것은 고난을 의미한다. 이 세상이 거부한 왕을 따른다는 것은 이 세상이 우리도 거부할 것이라는 뜻이다.

야고보는 헤롯왕에 의해 처형당해 가장 먼저 순교한 사도였다(행 12:2). 요한은 수십 년 동안 고통을 견디고 동료들이 죽임당하고 교회가 핍박당하는 것을 목격하고는 교회에서 멀리 떨어진 밧모섬에서 유배 생활을 해야 했다. 이것이 그들이 마실 잔이었다. 한 사람은 순교당했고, 한 사람은 견뎠다. 두 사람은 고난당했다. 둘 중 누구도 넉넉한 재산에 둘러싸여 존경받는 지위를 누리며 조용하고 여유로운 삶을 살지 못했다. 어쩌면 아버지 세베대의 고기잡이 사업이 이런 것들을 제공했을지도 모른다. 예수님의 사업은 그렇지 않았다.

세상은 노후 자금, 집, 저축, 학자금 등 안정을 제공하는 자리를 찾는다. 우리는 내일을 통제할 수 있도록 열심히 일한다.

그러나 십자가의 길은 이런 류의 안정 추구와는 절대 함께할 수 없다.

예수님을 따르는 것은 세상적인 안정을 뒤로하고, 앞으로 얻기를 기대하는 안정을 포기하는 것이며, 그분이 이끄시는 곳으로 그저 따라가는 것을 의미한다. 그리고 이런 경우는 리더들에게 더 많아야 한다. 사람들에게 직업적 고난, 경제적 고난, 관계적 고난을 가져올 결정을 내리라고 요청하고선, 우리 자신은 그렇게 하지 않으려는 것은 얼마나 쉬운지. 주님께서 우리가 반드시 거쳐야 한다고 말씀하신 고난을 받아들이기보다, 문화가 우리에게 필요하다고 부추기는 수준의 안정을 누릴 자격이 있다고 느끼는 것은 얼마나 쉬운지.

존 스토트는 이렇게 썼다.

"모험 정신은, 소외된 이들과 나누는 계산 없는 연대감은 어디 있는가? 안정보다 섬김을, 편안함보다 긍휼을, 안락함보다 고난을 우선시할 준비가 된 그리스도인은 어디 있는가? 우리의 안일함에 도전하고, 위험을 감수하라고 요청하는 수천 가지의 기독교 개척 과제가 완성되기를 기다리고 있다. 안정에 대한 강력한 주장은 십자가의 길과 함께할 수 없다." (『그리스도의 십자가』[The Cross of Christ], 333쪽)

'안전제일'은 결코 목사의 모토가 될 수 없다. 우리는 더없이 의도적으로 그리고 단호하게 안전에서 빠져나와 위험을 향해 걸어가신 구원자를 따르기 때문이다. 그분은 하늘의 안정을 십자가의 고난으로 바꾸셨다. 그분을 따르는 것은, 세상은 이와 정반대여도 고난을 수용하고 안정하기를 포기하는 것이다. 그리고 우리는 곧 우리가 하는 선택이다.

기쁨의 리더십

자기 희생… 섬김… 고난. 모두 그리스도인 리더십의 일부다. 이것이 그리스도를 닮은 리더십이기 때문이다. 그래서 마가복음 10장 45절에는 세상이 결코 이해할 수 없는 일련의 리더십 가치관에 따라 기쁨에 차서 살아갈 힘이 담겨 있다.

"인자가 온 것은 섬김을 받으려 함이 아니라 도리어 섬기려 하고 자기 목숨을 많은 사람의 대속물로 주려 함이니라"(막 10:45).

먼저, 섬김으로 이끌 때 당신은 예수님을 닮아 가게 된다. 사역은 하나님 아들의 형상을 닮아 갈 매일의 기회다(롬 8:29). 순수하게, 진심으로 다른 사람의 유익을 우선시하는 사람을 보면 깊이 매력적인 무언가가 있다. 그것이 예수님을 그토록 아름답게 만드는 것 중 하나다. 그렇지 않은가? 우리는 모든 힘을 섬기는 데 사용하신, 우주에서 가장 힘 있는 분을 따른다. 이와 마찬가지로 소우주의 차원에서 목사는 매일, 여러 가지 방법으로 일할 기회가 있다. 우리는 그렇게 살아야 하기에 그렇게 사는 것이 아니라, 그리스도를 닮아 갈 수 있기에 그렇게 산다.

작가이자 장로인 조너선 리먼(Jonathan Leeman)이 말했듯이, 권위나 영향력 있는 위치에 있는 그리스도인은…

"자신의 리더십의 위치를 활용하여 예수님께서 말씀하신 것, 즉 섬김을 받으려 하지 않고 도리어 섬김을 행할 것이다. 이것은 당신이 이끌지 않는다는 뜻이 아니다. 예수님은 이끄셨다. 이것은 당신의 리더십을 불끈 쥔 주먹으로 쥐지 않는다는 뜻이다. 대신, 당신은 항상 그것을 내어 주고 내려놓을 준비를, 심지어 죽기까지 해야 한다는 뜻이다. 당신은 하나님께서 때가 되면 당신을 일으키실 것을 알고, 그때까지 [당신이 섬기는 사람들이] 당신과 동등하게, 심지어 더 나은 사람이 되도록 자신을 온전히 드린다." (9marks.org/article/fighting-the-temptations-ofsuccessful-leadership, 2020. 6. 24. 접속)

두 번째로, 섬김으로 이끌 때 예수님을 기쁘시게 하게 된다. 그분을 섬기는 일에 우리를 드릴 때 우리는 하나님을 기쁘시게 한다(롬 12:1). 물론 이는 모든 믿는 사람에게 동일하다. 그러나 어떤 의미에서 전임 사역자들은 이렇게 살 수 있는 더 많은 기회를 가진 놀라운 위치에 있는 셈이다.

한 지혜로운 노목사님이 이 길을 막 걷기 시작하려는 내게, 모든 일을 반드시 복음을 위해 하고 있는지 주의하라고 말했다. 만약 당신이 모든 일을 주로 자신을 위해 한다면, 당신은 기독교 사역을 자기 섬김과 자기 고양으로 왜곡하고 있는 것이다. 만약 당신이 모든 일을 주로 당신의 교회를 위해 한다면, 교회는 당신을 실망시킬 것이기에 당신은 지칠 것이고 냉소적이 되고 쓴 물을 삼키게 될 것이다. 그러나 당신을 결코 실망시킨 적 없고 앞으로도 그러시지 않을 예수님을 위해서는 모든 일을 하라. 그러면 부름받은 자리가 어디든 상관 없이 섬길 준비가 될 것이다.

이런 의미에서 당신의 자녀를 씻기는 일과 성대한 콘퍼런스에서 강연하는 일에는 차이가 없다. 둘 다 섬김에 관한 것이다. 따라서 예수님을 기쁘시게 하기 위해 섬기는 것은 우리만의 왕국을 세우기 위해 시간을 허비하는 것보다 훨씬 더 만족스러운 삶의 방식임이 증명된다.

> "하나님을 기쁘시게 하려는 열망이 우리 자신을 기쁘게 하려는 열망을 따라잡을 때, 그리고 타인을 향한 사랑이 우리 자신을 향한 사랑을 대체할 때 그것은 놀랍도록 해방되는 경험이다. 참된 자유는 우리 자신을 위해 살기 위해 하나님과 타인을 향한 의무로부터 자유로워지는 것이 아니라, 하나님과 타인을 위해 살기 위해 우리 자신으로부터 자유로워지는 것이다." (존 스토트, 『데살로니가전후서』, 91쪽)

세 번째, 이런 식으로 이끌 때 여러분은 예수님을 **나타내게** 된다. 내가 따르고 싶었던 사람들, 그리고 돌이켜 보니 내가 따랐던 것이 여전히 기쁜 사람들을 생각해볼 때 그들의 가장 뛰어난 자질은 카리스마나 설교나 비전이나 위트가 아니었다. 그들의 종 된 마음가짐(servant-heartedness)이었다.

사람들이 당신을 따르기를 원한다면, 그리고 계속해서 따르기를 원한다면, 수년 뒤에도 그들이 당신을 따르기로 선택한 것을 기뻐하기를 원한다면, 그들을 이끌 때 그리스도의 길을 보이라. 그들에게 발을 씻어 주는 모습을 보이라. 그들이 당신이 섬김받는 모습이 아니라 섬기는 모습을 보게 하라. 그것이 설득력 있다.

나는 예수님께서 그리스도인들에게 자기 생명을 버리고 그분을 따르라고 부르셨다는 말씀을 전할 때 이렇게 말하곤 한다. "물론 예수님은 자신의 십자가를 지셨습니다. 그분은 자신은 전혀 할 생각이 없는 일을 당신에게 하라고 하시지 않습니다." 이것이 바로 주님께서 45절에서 말씀하신 바다. 예수님은 기독교 교회의 첫 번째 목사들에게 이렇게 말씀하셨다. 너희의 위대함은 섬김으로 드러나야 한다. 왜냐하면 너희는 너희가 상상할 수 있는 것보다 더 위대하시고, 너희가 이해할 수 있는 것보다 더 낮아지셔서 섬기시는 하나님을 따르기 때문이다.

2020년 봄 코로나바이러스감염증-19(COVID-19)로 인한 봉쇄 기간에, 스코틀랜드의 수석 의료 책임자 캐서린 콜더우드(Catherine Calderwood) 박사는 모든 사람에게 집에 있어야 하며, 불가피한 여행이 아니라면 집을 떠나서는 안 된다고 말했다. 그러고 나서 자신은 집과 별장 사이를 주말마다 운전해서 오간 것이 드러났다. 한 달 정도가 지나고, 정부의 바이러스 대응에 상당 부분 자문한 영국의 전염병학자 닐 퍼거슨(Neil Ferguson)은 봉쇄 조치를 무시하고 애인의 집을 방문한 것이 발각되었다.

이 일이 있은 지 몇 주 지나지 않아, 총리의 오른팔인 도미닉 커밍스(Dominic Cummings)도 봉쇄 규칙을 어긴 것이 드러났다(사례가 계속 추가되어 이 문단을 몇 번이나 다시 써야 했다). 세 사람 모두, 사람들에게 서로 희생하며 다른 사람을 섬기라고 요청할 수 있는 권리를 뉴스 한 토막으로 증발시켜 버렸다.

우리도 마찬가지다. 만약 우리가 사람들에게 설교하고 가르치는 것과 실제 우리 자신이 행동하는 것이 다르다면, 그 간극을 잠시 동안은 숨길 수 있을지 모르지만 오랫동안 숨길 수는 없다. 내 사역을 돌아보며, 이 불편한 질문을 스스로에게 던져야 한다. 다른 사람들에게 희생하고, 섬기고, 고난받으라고 요청할 때 나는 (예수님처럼) 나 자신이 하지 않거나 준비되지 않은 그 어떤 것도 그들에게 요청하지 않는다고 정직하게 말할 수 있는가?

가짜는 결국 부패한다. 그러나 참된 사역은 귀하다. 그리스도처럼 살아가고 이끌 때 우리는 사람들에게 그리스도를 보일 수 있다.

척도

이것이 성공적인 사역의 태도다. 이것이 우리가 바울의 편지 전체에 걸쳐 발견하는 패턴이다. 한 가지 예로, 그가 골로새 교회에 말하는 것을 살펴보자. 많은 사람을 섬기며 대속물로 자기 생명을 주러 오신 왕을 따른다는 것이 어떤 의미인지를 아는 사람의 말로서 이 말씀을 읽어 보라.

"나는 이제 너희를 위하여 받는 괴로움을 기뻐하고 그리스도의 남은 고난을 그의 몸된 교회를 위하여 내 육체에 채우노라 내가 교회의 일꾼 된 것은 하나님이 너희를 위하여 내게 주신 직분을 따라 하나님의 말씀을 이루려 함이니라 이 비밀은 만세와 만대로부터 감추어졌던 것인데 이제는 그의 성도들에게 나타났고 하나님이 그들로 하여금 이 비밀의 영광이 이방인 가운데 얼마나 풍성한지를 알게 하려 하심이라 이 비밀은 너희 안에 계신 그리스도시니 곧 영광의 소망이니라 우리가 그를 전파하여 각 사람을 권하고 모든 지혜로 각 사람을 가르침은 각 사람을 그리스도 안에서 완전한 자로 세우려 함이니 이를 위하여 나도 내 속에서 능력으로 역사하시는 이의 역사를 따라 힘을 다하여 수고하노라"(골 1:24-29).

여기에 우리 리더십을 가늠할 수 있는 궁극적인 척도가 있다.

- 나는 하나님께서 내게 섬기라고 주신 당신의 유익을 위해 기꺼이, 행복하게 고난받는다.
- 나는 하나님의 말씀을 충만히 당신에게 전한다.
- 나는 그리스도를 선포한다. 이것은 내가 할 수 있는 한 지혜롭게 당신을 가르치고 경계하는 것을 의미한다.
- 나의 최우선 목표는 당신이 더 예수님을 닮도록 돕는 것이다.
- 나는 내게 주어진 모든 힘으로 최선을 다해 일한다.

그리고 이어지는 질문은, 우리가 우리 교회에도 이와 동일하게 말할 수 있는가?

이에 대한 답은 물론 이럴 것이다. 가끔. 때로는 많이. 때로는 훨씬 적게. 그래서 우리는 마가복음 10장 45절로 돌아와서 목사로서, 특히나 목사이므로 우리가 예수님을 본받음이 아니라 그분의 희생을 믿음으로 말미암아 구원받은 것을 기억해야 한다. 그는 "자기 목숨을 많은 사람의 대속물로 주"러 오셨으며, "많은 사람"에는 우리도 포함된다.

우리는 잘못 알고 있다. 우리는 자기 추구적이고, 힘에 굶주리고, 안정을 추구하는 방식으로 이끈다. 하지만 그럼에도 우리에게 용서하심이 있다. 우리는 용서받았기 때문에 계속 전진할 수 있고, 계속 성장할 수 있고, 계속 주님의 양들을 이끌 수 있다. 우리는 하나님의 인정을 받기 위해서가 아니라 하나님께서 이미 우리를 인정하셨기에 사역한다.

그리스도께서 우리를 위해 대속물 되심을 아는 것은 우리가 계속해서 그리스도처럼 섬기고, 그리스도를 닮아 가고, 그리스도를 기쁘시게 하고, 그리스도를 더욱 드러내기를 기뻐할 것임을 의미한다.

가장 덜 중요한 사람

리더십에 대한 우리의 태도는 항상 우리에게 무언가 거의 해 줄 수 없는 사람들을 대하는 방식으로 드러난다. 내 친구의 동료는 이를 간략하면서도 매우 도전적으로 표현했다. "같은 공간에서 가장 중요하지 않은 사람을 알아차리는지, 그 사람에게 어떻게 말하는지를 보면 당신은 한 사람에 대해 많은 것을 알 수 있다."

우리는 예루살렘으로 가는 길에서 제자들이 가장 중요하지 않은 이들을 어떻게 대했는지를 보고 제자들에 대해 많은 것을 알 수 있다. 우리는 제자들이 누가 가장 큰지 서로 다투는 모습을 본다(막 9:34). 우리는 예수님께서 자신의 죽음으로 그들을 섬기려고 전진하시는 것을 본다(막 9:31). 그리고 우리는 제자들이 아이들에게 시간을 내주지 않는 것을 보고, 주 예수님은 시간을 내어 그들을 품에 안으시고 축복하시는 것을 본다.

어린아이들은, 오늘날도 어느 정도 그렇지만 그 당시 사회에서는 누군가에게 줄 만한 것이 전혀 없었다. 지위도 없고, 인정도 없고, 안정도 없다. 그들은 받을 수만 있고 되돌려 줄 수 없다. 그래서 제자들은 아이들에게 내줄 시간이 없었고, 예수님은 아이들을 위해 시간을 내셨던 것이다. 제자들이 자신의 사역을 어떻게 보는지는 그들이 아이들을 어떻게 바라보느냐를 통해 드러났다.

대학을 졸업한 후, 나는 영국에서 가장 크고 잘 알려진 성공회 교회에서 스태프로 섬겼다. 목사님은 폴 버그(Paul Berg)라는 분이었다. 그는 대규모 조직을 이끌었고, 전국의 목사들로부터 존경을 받았다. 팟캐스트가 있기 전에도 정기적으로 수백 명에게 강연을 했고 수천 명에게 영향을 미쳤다. 그분은 은퇴한 후 교외의 작은 마을로 옮기셨다. 그분이 돌아가신 후에 사모님이 내게 말씀해주시길, 그 마을의 교회가 젊은 엄마들을 위해 성경 공부 모임을 만들고 싶었지만 아이들을 돌볼 사람이 없어 시작할 수 없었다고 한다.

그래서 폴이 아이들을 돌보았다.

그 이야기를 들었을 때 나는 놀라지 않았다. 폴을 알았기 때문이다. 폴은 바로 그런 사람이었다. 그 이야기는 내가 아는 폴에게 딱 어울렸다. 폴은 상상할 수 없을 정도로 낮아지신 하나님의 섬김을 따르는 사람이었고, 그 자신도 기쁨으로 낮아져 섬겼던 것이다.

이것이 그리스도인 리더십이다. 이것이 위대함의 표지다. 그가 콘퍼런스에서 어떻게 말했느냐가 아니라 아이들 모임을 어떻게 자원해 섬겼는지가 말이다. 이것이야말로 자신이 섬기고 본받고 드러내고자 했던 그분의 입술을 통해 "잘하였도다 착하고 충성된 종아."라는 말을 들었던 사람의 삶이다.

야고보와 요한은 내각에 있고 싶어 했지만 예수님은 그들에게 유치원으로 가야 한다고 말씀하셨다. 우리도 그래야 한다.

이 세상의 통치자는 다른 사람을 주관하려 하며 자신의 힘과 안정을 위해 그 권세를 부린다. 그러나 우리 중에는 그렇지 않을지니. 인자는 섬김을 받으러 온 것이 아니라 도리어 섬기려 하고 자기 목숨을 많은 사람의 대속물로 주러 오셨기 때문이다. 스스로 높아지고자 하는 사람은 오히려 종이 되어야 한다. 그는 성공은 정말 중요한 일에 신실한 것이란 것을 알아서, 성공을 성경적으로 정의하고, 자기 죄와 무자비하게 싸우며, 자기를 조심스럽게 이끌고, 온 마음으로 자기 교회를 섬기는 사람이다.

맺는 글

친구들 사이에서 듣는 것은 훨씬 쉽다. 특히 우리가 안전하고 지지를 받는, 우리가 속한 사회적, 종교적 집단 내에서는 더 그렇다. 그러나 최근 교회에서 일어난 일들은 우리가 어떻게 듣고, 누구의 이야기를 듣는지, 그리고 그런 선택이 교회의 생명에 어떤 영향을 미치는지 심각한 질문을 제기했다.

영국에서는 아동 성학대에 대한 독립 조사 기구(Independent inquiry into Child Sexual Abuse, IICSA)가 성공회와 로마 가톨릭교회가 역사적인 학대 혐의를 어떻게 처리했는지 면밀히 조사해왔다. 몇몇 보고서가 성직자들이 자행한 소름끼치는 학대 행태를 담고 있다. 이는 그리스도인 리더들이 학대받은 피해자들의 목소리를 들으려 하지 않았다는 끔찍한 실패 사례와 일치한다. 미국과 호주, 그리고 다른 여러 나라에서도 유사한 스캔들이 목격되었다.

현재 영국에서는 여러 조사가 진행 중이다. 그 조사 보고서들은 그들에게 주어진 신뢰에 크게 못 미친 복음주의 지도자 그룹에 초점이 맞춰졌다. 학대 사례 중에는 도싯(Dorset)의 유언 민스터(Iwerne Minster)에서 열린 여름 캠프와 연관된 것도 있다.

나는 유언 캠프에 두 번 참여했고, 4년 뒤인 1980년대 후반부터 90년대 초반의 여러 여름에는 방 리더로 섬겼다. 비록 피해자들 중 내가 아는 사람은 없지만, 그 후 그들이 당해야 했던 일에 분노와 비통을 느끼며 그들의 이야기를 읽었다. (이 글을 쓰고 있는 이 시점에) 각각의 조사 결과를 기다리는 동안 우리는 학대 생존자들의 이야기를 귀여겨듣고, 어떠한 추가 조치든지 취하여 정의가 실현되도록 전념해야 한다.

리처드 니부어(Richard Niebuhr)는 『교회 분열의 사회적 배경』(The Social Sources of Denominationalism)에서 교파주의는 주로 신학적인 현상이 아니라 사회적인 현상이라고 주장한다. 즉, 우리는 우리 사회 구성원에게 충실하고, 외부에는 거의 관심을 가지지 않는 경향이 있다는 것이다. 그러나 그 대가는 우리의 그리스도의 증인으로서의 신뢰도였다.

듣고 반응하는 데 실패한 것은 리더십이 근본적으로 실패한 것만을 나타내지 않는다. 그 실패는 결국 범죄 행위가 계속되고 피해자들이 지속적으로 착취와 학대를 당하도록 허용했다. 그 결과 영국의 조사 기관들과 일반 대중에게 기독교를 지탄할 수 있는 정당한 이유를 제공했다. 듣지 않은 대가가 이보다 더 클 수 없었다.

듣는 것은 우리의 자존심을 건드리고, 우리에게 편안한 전제들과 심지어 친구 몇몇을 잃게 할 수 있지만, 신실한 리더가 되고자 한다면 우리는 반드시 듣기를 속히 해야 한다. 개인적으로 회개해야 하고, 필요한 경우 더 넓은 범위의 회개를 촉구해야 한다.

우리의 사역이나 사회의 의견들에 대해 무엇을 하기보다, 우리는 오직 하나님의 판결과 상처받고 취약한 사람들을 더 신경 써야 할 때 그렇게 할 것이다.

2021. 2.

생각과 토론을 위한 질문

이 질문들은 당신이 생각해보도록, 더 나아가 다른 사람에게 이야기할 수 있도록 고안되었다. 이를 통해 당신의 사역이 책에서 말하는 바를 따라 형성될 수 있을 것이다. 물론 성령께서 당신을 인도하시고 영적으로 무장시키실 것이다.

- 이 책에서 내가 사역에 접근하는 방법을 바꾸는 데 가장 적용하고 싶은 세 가지는 무엇인가? 어떤 구체적인 실천을 해야 하는가? 누구의 도움이 필요한가?

- 이 책은 내게 예수님의 어떤 모습을 보게 해, 그분을 더 사랑하고 그분을 섬기는 일에 더 들뜨게 했는가?

1장 성공을 정의하라

- 내가 성공의 지표로 삼고자 하는 것들은 무엇인가? 그것은 내 사역, 관계, 건강에 어떤 영향을 미치는가(또는, 장기적으로 미칠 수 있는가)?

- 나는 진리의 말씀을 올바르게 다루기 위해, 즉 가르침을 신실하고 명료하게 하기 위해 최선을 다하는가? 이를 위해 더 노력할 수 있는 부분은 무엇인가?

- 내가 진리를 비껴가게 하는 유혹은 무엇인가? 그 유혹에 넘어가면, 내가 사역하는 사람들에게 구체적으로 어떤 위험이 닥치겠는가?

- 말씀을 전하기 전에, 신실함과 타당함을 위해 내가 가르칠 내용에 관해 의견을 들을 수 있는 사람들, 즉 남자와 여자, 노인과 젊은이, 그리고 다양한 인종으로 이루어진 소그룹이 있는가?

- 내가 도망쳐야 하거나 도망치고 있는 불경건한 욕망은 무엇인가? 불친절하고 제어되지 않은 말을 하려는 유혹을 언제 받는가?

2장 자기 죄와 싸우라

- 일반적으로 죄에 대한 내 태도는 어떠한가? 하나님께서 심각하게 여기시는 만큼 나도 심각하게 여기는가? 죄에 대해 말할 때 나는 어떻게 말하는가?

- 내 죄를 비밀로 유지하고 싶은 유혹을 언제 받는가? 그것이 내가 섬기는 사람들에게 어떤 영향을 주는가?

- 나는 얼마나 자주 내 죄를 회개하는가? 다른 이들을 회개로 이끌기 위해 나는 무엇을 하고 있는가?

- 새로운 사역이나 선교를 이끌고 있을 때 참여하는 모든 그리스도인이 자백과 회개로 준비하게 하는가?

- 내가 이끄는 사람들 사이의 죄를 지나치게 관용하지는 않는가? 반대로, 다른 사람의 죄를 지나치게 냉정하게 다루지는 않는가?

3장 자기를 이끌라

- 나는 얼마나 자주 복음의 완전한 경이로움을 상기하는가? 그렇게 하려면 내 영적 루틴을 바꿀 필요가 있는가?

- 내 과거는 내가 활동하는 데, 그리고 내가 세상을 보는 데 어떤 영향을 미치는가? 복음은 이에 대해 무엇이라 말하는가?

- 쉬는 날을 정하고, 실제로 그날 쉬는가? 어떤 변화가 필요한가?

- 내 삶을 함께 살아가고, 서로 책임질 수 있는 소그룹이 있는가? 없다면, 그런 그룹을 가지기 위해 어떤 조치를 취할 수 있는가?

- 매달 내게 "내가 당신에게 하지 않았으면 하는 질문이 뭔가요?"라고 묻는 사람이 있는가? 없다면, 누구에게 요청할 것인가?

- 내게는 나보다 더 나이 많고, 더 지혜롭고, 내가 허세 부릴 수 없는 목사들의 목사가 있는가?

4장 교회를 섬기라

- 명예, 돈, 안정, 영향력 등 내가 가장 욕망하는 세상적 '위대함'은 무엇인가? 이런 욕망에서 어떻게 벗어날 수 있는가?

- 섬기는 마음가짐을 좀 더 기르기 위해 내가 다르게 접근해야 하는(심지어 잠시 내려놓아야 하는) 리더십 영역이 있는가?

- 나는 얼마나 잘 듣는가? 나와 다른 관점을 지닌, 심지어 비판적일 수 있는 사람들을 적극적으로 초대해 그들의 통찰과 염려를 듣는가?

- 내가 섬기기 가장 어려워하는 사람은 누구인가? 그들에게 모범을 보이고 있는가? 어떻게 하면 그들을 잘 사랑할 수 있을까?

- 내가 잃을 것을 가장 두려워하는 이 땅의 안정은 무엇인가? 이것은 사역에서 내 결정과 우선순위에 어떤 영향을 미칠 수 있는가? 고통 가운데서도 여전히 기뻐하도록 스스로 어떻게 준비하고 있는가?

- 내 사역은 골로새서 1장의 척도와 얼마나 일치하는가? 어떤 면에서 나는 예수님께로 돌이켜야 하고, 그분의 영이 나를 변화시켜 그분을 더 닮을 수 있게 해달라고 요청해야 하는가?

- 나는 어떤 방식으로 의도적으로 내 주변 사람들을 발전시키고, 지지적으로 역할을 맡기고 책임을 부가하는가?

사명선언문

너희가 흠이 없고 순전하여……세상에서 그들 가운데 빛들로
나타내며 생명의 말씀을 밝혀 _ 빌 2:15-16

1. 생명을 담겠습니다
만드는 책에 주님 주신 생명을 담겠습니다.
그 책으로 복음을 선포하겠습니다.

2. 말씀을 밝히겠습니다
생명의 근본은 말씀입니다.
말씀을 밝혀 성도와 교회의 성장을 돕겠습니다.

3. 빛이 되겠습니다
시대와 영혼의 어두움을 밝혀 주님 앞으로 이끄는
빛이 되는 책을 만들겠습니다.

4. 순전히 행하겠습니다
책을 만들고 전하는 일과 경영하는 일에 부끄러움이 없는
정직함으로 행하겠습니다.

5. 끝까지 전파하겠습니다
모든 사람에게, 땅 끝까지, 주님 오시는 그날까지
복음을 전하는 사명을 다하겠습니다.

서점 안내

광화문점 서울시 종로구 새문안로 69 구세군회관 1층
02)737-2288 / 02)737-4623(F)

강남점 서울시 서초구 신반포로 177 반포쇼핑타운 3동 2층
02)595-1211 / 02)595-3549(F)

구로점 서울시 동작구 시흥대로 602, 3층 302호
02)858-8744 / 02)838-0653(F)

노원점 서울시 노원구 동일로 1366 삼봉빌딩 지하 1층
02)938-7979 / 02)3391-6169(F)

일산점 경기도 고양시 일산서구 중앙로 1391 레이크타운 지하 1층
031)916-8787 / 031)916-8788(F)

의정부점 경기도 의정부시 청사로47번길 12 성산타워 3층
031)845-0600 / 031)852-6930(F)

인터넷서점 www.lifebook.co.kr